Dieses Buch gehört:
Nora Langer
Marie Lange

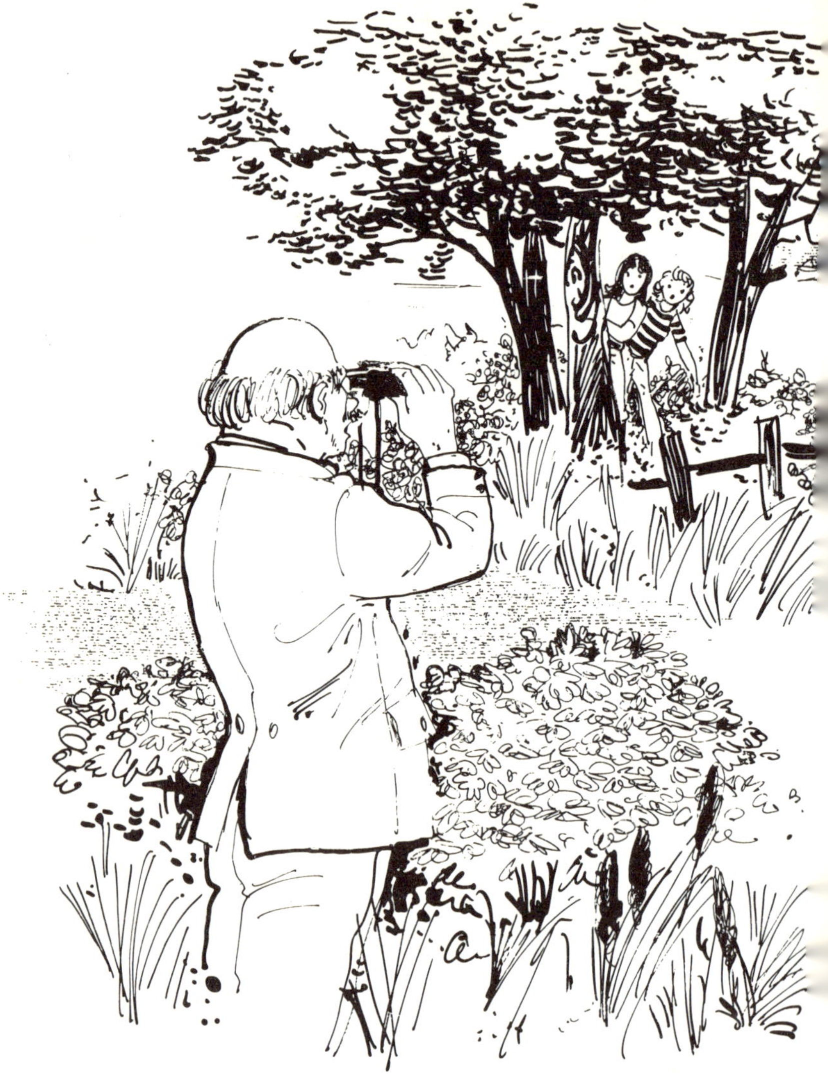

Reitschule
Tannenhof

Alice Bickel

Inhalt

Der verflixte Dreizehnte 8
Der Fremde mit dem grauen Bart 13
Es lebe Diabolo! 17
Was ist mit Aladin los? 20
Neue Geheimnisse 24
Verschwörer unter sich 26
Ein hoffnungsloses Durcheinander 29
Wenn Sattelkammern schwimmen... 31
Das Röhrchen mit den roten Bohnen 34
Schlafpillen für Krokodile? 40
Böse Entdeckungen 43
Wer denkt denn gleich an so was! 46
Spuk im Stroh 50
Ergiebige Plauderstunde 53
Gesucht: Frühaufsteher 58
Treffpunkt Ponywiese 61
Aufs falsche Pferd gesetzt 68
Flotte Aussichten 73

Wem Aladin sehr am Herzen liegt:

Herrn und Frau Kretschmer
den rührigen Pächtern des „Tannenhofes", die diesmal keine Ahnung haben, was in den Boxen ihrer Ställe so alles passiert ...

Petra
ihrer 17jährigen Tochter, die lieber im Schulstall als im Haushalt hilft und es gar nicht gern sieht, wenn der Reitlehrer allzu beliebt ist ...

Lars Hansen
dem 25jährigen, gutaussehenden Reitlehrer, dem durchaus auffällt, wenn ein Pferd plötzlich über seine eigenen Beine stolpert ...

Tanja Weber
dem 14jährigen Mädchen, dessen Herz für die „Tannenhof"-Pferde schlägt und das besonders auf unerklärliche Geschehnisse im Stall achtet und merkwürdige Dinge findet ...

Lilo Müller
Tanjas gleichaltriger Freundin, die mit Hingabe verdächtigen Stallbesuchern nachspürt und gute Äpfel von schlechten zu unterscheiden versteht ...

Regula, Lisa, Franz und Bernhard
den guten Geistern des „Tannenhofes", die wissen, was sie zu tun haben, wenn etwas nicht nach Wunsch geht ...

Der verflixte Dreizehnte

Im allgemeinen war in der Reitschule „Tannenhof" in Kirchstadt niemand abergläubisch. Doch an diesem Julimorgen lief vom ersten Moment an alles so verkehrt, als hätten wirklich dunkle Mächte die Hand im Spiel.

Es begann schon damit, daß Frau Kretschmer, die Frau des „Tannenhof"-Pächters, zu spät aufstand, beim Zubereiten des Frühstücks ein schlechtes Ei in die Pfanne schlug, weiter ein Glas zerbrach und sich schließlich vor lauter Eile auch noch in den Finger schnitt.

„Freitag, der Dreizehnte!" rief ihre siebzehnjährige Tochter Petra, als sie den Verbandkasten holte. „An solchen Tagen hat man nichts als Pech."

„An diesen Unsinn sollte man nicht glauben", wehrte ihre Mutter entrüstet ab. „Ich war einfach unachtsam, das ist alles."

Etwas erstaunt musterte Frau Kretschmer nun ihre Tochter, die bereits „Stallmontur" trug. Ihre langen Beine steckten in ausgedienten Stiefeln und abgewetzten Jeans, und die von der Sonne braungebrannten Arme ragten aus einem verwaschenen karierten Sporthemd.

„Wollten wir heute morgen nicht zusammen einkaufen? In dieser Aufmachung kann ich dich unmöglich mitnehmen!" Petra verzog das Gesicht. „Kann ich nicht hierbleiben, Mutti? Ich möchte im Schulstall arbeiten."

Ein leises Lächeln stahl sich auf Frau Kretschmers Gesicht. Für die Pferdeliebe ihrer Tochter hatte sie Verständnis. Auch ihr Mann und sie selbst hatten sich mit Leib und Seele den Pferden verschrieben.

Da sie mit der Antwort aber zögerte, bettelte Petra: „Darf ich nicht hierbleiben? Die Ferien sind so rasch vorüber, und dann bleibt mir wieder nur die langweilige Schule."

„Ohne Schule geht es nicht", erklärte Frau Kretschmer. „Sie ist die Grundlage für jede spätere Ausbildung. Etwas mehr Fleiß wäre da von deiner Seite schon angebracht."

„Immer die alte Leier", seufzte Petra. „Als ob die Schule der einzige Lebenszweck sei."

„Wir wollen uns nicht streiten", meinte Frau Kretschmer versöhnlich. Heute kannst du hierbleiben. Aber Freitag brauche ich deine Hilfe. Da ist die Einkaufsliste für das Wochenende besonders lang. Außerdem muß dein Haar dringend geschnitten werden."

Petra fiel ihrer Mutter begeistert um den Hals. „Danke, Mutti!"

Frau Kretschmer versetzte ihrer Tochter einen leichten Klaps. „Hilf mir nun beim Frühstück, die andern werden gleich hier sein."

Als ob diese Worte sie heraufbeschworen hätten, betraten nun Lisa, Regula, Franz und Bernhard, die „guten Geister" des „Tannenhofes" die gemütliche Wohnküche, um zu frühstücken.

„Sind wir zu früh?" fragte Bernhard nach einem Blick auf den noch ungedeckten Tisch. „Ich habe einen Bärenhunger!"

„Nein – wir sind gleich so weit", versicherte Petra und verteilte flink Besteck und Geschirr auf der blankgefegten Tischplatte.

Nachdem auch Pächter Kretschmer sich dazugesellte, fehlte nur noch Lars Hansen.

„Lars ist noch beschäftigt", erklärte Bernhard auf Frau Kretschmers entsprechende Frage. „Fräulein Breuss ist gerade eingetroffen."

„Was? Kommt diese eingebildete Ziege neuerdings sogar vor dem Frühstück?" fauchte Petra.

„Petra!" donnerte Pächter Kretschmer. „Du weißt, daß ich nicht dulde, wenn in diesem Ton über Kunden unseres Pensionsstalls gesprochen wird."

„Alle wissen doch, daß sie nur herkommt, um Lars anzuhimmeln", schmollte Petra.

„Damit ist sie nicht allein", entgegnete Regula, eine der beiden Tierpflegerinnen lachend.

„Lars hält sich die Damen schon vom Hals", versicherte Lisa.

„Das nehme ich auch an", bestätigte Herr Kretschmer. „Es ist durchaus seine Pflicht, unseren Kunden höflich zu begegnen", fügte er noch hinzu, ehe er sich seinem Frühstück zuwandte.

Im nächsten Moment fand sich auch Lars Hansen, der junge, vielgefragte Reitlehrer des „Tannenhofes" ein. Hansen war fünfundzwanzig, sportlich und sehr tüchtig. Doch nicht nur das – er sah mit seinem dunklen Haar und seinen lebhaft blitzenden Augen auch sehr gut aus. Kein Wunder, daß die großen und kleinen Reiterinnen des „Tannenhofes" offen von ihrem Reitlehrer schwärmten.

An diesem Morgen lag jedoch ein sorgenvoller Ausdruck auf Hansens sonnenbraunen Zügen. Nach einem kurzen Gruß nahm er seinen Platz neben seinem Chef ein.

„Was ist los, Lars?" erkundigte sich Pächter Kretschmer sogleich.

„Der Tag beginnt mit Schwierigkeiten", verriet Hansen.

„Ich sagte es schon: Freitag, der Dreizehnte!" rief Petra naseweis dazwischen. „Da liegt es doch auf der Hand, daß alles schiefgeht."

Frau Kretschmer legte mahnend die Hand auf die Schulter ihrer Tochter, und ihr Mann schimpfte: „Für solche Sprüche haben wir im ‚Tannenhof' keine Verwendung." Dann wandte sie sich dem Reitlehrer zu. „Was gibt es denn, Lars?"

„Fräulein Breuss geht für fünf Wochen ins Ausland. Wir müssen Diabolo in unser tägliches Programm aufnehmen. Das gibt Probleme."

„Diabolo – ein prächtiger Rappe", stellte ihr Mann fest. „Aber ein ausgesprochen schwieriges Pferd.

„Um seine Box sauberzumachen, müssen wir stets zu zweit sein", erklärte Franz.

„Wer von euch kommt mit dem Rappen am besten zurecht?" wollte Pächter Kretschmer erfahren.

„Schwer zu sagen", gab Lisa zurück. „Er vertraut keinem von uns restlos. Er geht nur auf Fräulein Breuss ein."

„Mit Prinz hatten wir ähnliche Probleme", erinnerte Frau Kretschmer. „Außer mir konnte niemand von euch mit ihm umgehen."

„Bis dann eines Tages Tanja Weber auftauchte, die spielend mit ihm fertig wurde", sagte Herr Kretschmer. „Seither ist Prinz auch uns gegenüber viel zugänglicher!"

„Diabolo braucht eben die richtige Hand. Könnte nicht Tanja es einmal mit ihm versuchen?"

„Daran habe ich auch gerade gedacht", gab Hansen zu. „Sie hat ein ausgesprochenes Talent für den Umgang mit Pferden."

„Wir wagen den Versuch", schlug Herr Kretschmer vor. „Wann kommt Tanja hierher?"

Lars Hansens Miene hellte sich auf. „Jetzt, wo die Sommerferien begonnen haben, ist sie mehr hier als zu Hause. Sie müßte demnächst hier eintreffen."

„Dann sprechen Sie mit dem Mädchen, Lars", entschied der umsichtige Pächter des „Tannenhofes". „Gibt es an diesem Morgen noch weitere Probleme?"

„Nur, daß das eine oder andere unserer Pferde hitzefaul ist", lachte Lisa. „Aladin zum Beispiel. Die Hitze setzt ihm so zu, daß er sich kaum mehr bewegen mag."

„Aladin? Der ist nicht vom heißen Sommerwetter müde. Er ist bloß beleidigt, weil er bei der letzten Springkonkurrenz das Schlußlicht bildete", rief Bernhard.

Als das Gelächter um den Tisch verstummte, bemerkte Herr Kretschmer: „Solange es nur die Hitze ist, brauchen wir uns keine Sorgen zu machen. Die macht auch uns Menschen zu schaffen."

„Aladin ist vollkommen in Ordnung", versicherte Franz. „Der Tierarzt hat ihn nach der letzten Springkonkurrenz untersucht."

„Sein Besitzer war wenig begeistert vom Resultat dieses Wettbewerbs", warf Herr Kretschmer ein.

„Es ist ja auch schwer zu verstehen, daß ein so vielversprechendes Pferd wie Aladin in seinen Leistungen plötzlich so zurückfällt", bemerkte Hansen.

„Solange dem Braunen nichts fehlt, brauchen wir uns nicht zu sorgen.", fand Frau Kretschmer.

„Da haben Sie wohl recht", stimmte Hansen zu. Im stillen jedoch nahm er sich vor, Aladin im Auge zu behalten. Er erinnerte sich plötzlich daran, daß anläßlich der letzten Springkonkurrenz die sommerliche Hitzewelle Kirchstadt noch nicht erreicht hatte und Aladin trotzdem müde war. Im Augenblick blieb ihm jedoch keine Zeit, diesem überraschenden Gedanken nachzugehen. Abrupt erhob sich der Reitlehrer vom Tisch. „Ich muß los. Meine erste Reitstunde beginnt gleich!"

„Ich komme mit", rief Petra hinter ihm her.

Doch ihre Mutter hielt sie zurück. „Hiergeblieben, mein Fräulein", erklärte sie streng. „Wenn du dich schon vor dem Einkaufen drückst, übernimmst du hier den Küchendienst, ehe du im Stall verschwindest!"

„Freitag, der Dreizehnte", murmelte Petra verbissen in sich hinein. „Dabei kann ja nichts Rechtes herauskommen..."

Der Fremde mit dem grauen Bart

„Ich gehe nun", rief Tanja ihrer Mutter von der Tür her zu.

Frau Weber war gerade dabei, die Betten zu machen.

„So früh schon? Ich dachte, du würdest mir heute morgen bei der Wäsche helfen", bemerkte sie mit tadelndem Unterton.

„Das kann ich nachholen, wenn ich zurückkomme, Mama." Frau Weber seufzte. „Nun sei mal ehrlich, Tanja. Du kommst doch viel zu spät vom ‚Tannenhof' zurück, um noch irgend eine Hausarbeit erledigen zu können."

„Aber Mama, Prinz muß doch auf die Weide. Er wartet auf mich."

„Und meine Wäsche muß erledigt werden, ehe ich um elf zur Arbeit gehe", betonte Frau Weber.

Etwas enttäuscht fuhr sie fort: „Sei wenigstens so nett und nimm die Laken von der Leine, wenn du zurückkommst. Es könnte ein Gewitter aufziehen."

Tanja versprach, dies zu tun, steckte dann die Brote ein, die sie sich für mittags zurechtgemacht hatte, und huschte davon.

Meist zogen sie zu dritt zum „Tannenhof" – Tanja und ihre beiden Schulkameradinnen Lilo Müller und Karin Gross. Sowohl Lilo wie Karin waren begeisterte Reitschülerinnen, die selbst dann zur Reitschule pilgerten, wenn keine Reitstunde auf dem Programm stand.

An diesem Morgen wartete jedoch nur Lilo vor dem hellen Betonblock, in dem die Webers wohnten, denn Karin war mit ihren Eltern eben in den Urlaub gefahren.

„Wenn man mir im ‚Tannenhof' doch nur erlauben würde, die Pferde zu pflegen", sagte Lilo unterwegs. „Mir wäre die Stallarbeit gewiß nicht zuviel."

„Du weißt doch, wie das ist", gab Tanja zu bedenken, als sie vor einer Verkehrsampel von ihren Fahrrädern steigen mußten. „Reitschülerinnen dürfen nicht in den Pensionsstall. Bei mir machen sie nur eine Ausnahme wegen Prinz." Lilo nickte bekümmert.

Wie immer stellten sie ihre Räder vor dem „Tannenhof" ab. Und wie immer lief Tanja zum Pensionsstall, um Prinz zu holen, während Lilo auf die Weide zuging und sich dort mit den Ellbogen auf die Umzäunung stützte. Wenigstens konnte sie so zusehen, wie Tanja sich mit Prinz beschäftigte.

Tanja wollte mit Prinz gerade die Box verlassen, als ein

älterer, leicht hinkender Mann in braunem Reitdreß ihr in der Stallgasse den Weg versperrte. Sie hatte ihn schon öfter hier gesehen und wußte, daß er den Falben mit der dunklen Mähne, der in Nummer 16 stand, ritt. Seine Erscheinung hatte sie sich deshalb so genau eingeprägt, weil sein rötliches Gesicht mit dem dünnen silbergrauen Haarkranz und dem kurzen grauen Bart sie ein wenig an ihren Großvater erinnerte. Um Platz zu machen, blieb sie mit Prinz stehen.

„Nettes Tier!" murmelte der Mann im Vorbeigehen und streckte die Hand aus, um Prinz zu streicheln. Doch Prinz warf feindselig den Kopf zurück und stellte sich auf die Hinterbeine.

Der Mann erschrak. „Was ist denn das für ein Teufelskerl?" schimpfte er aufgebracht.

„Er ist schon in Ordnung", entschuldigte Tanja das Verhalten von Prinz. „Er mag es nur nicht, wenn Fremde ihn berühren."

Während Tanja mit Prinz dem Ausgang zustrebte, begab sich der Mann nach hinten. Unter der Tür drehte sie sich nochmals um. Eigentlich hatte sie erwartet, den Fremden im Reitdreß nun bei Romulus zu sehen, der in Nummer 16 untergebracht war. Doch zu ihrem Erstaunen war er ganz hinten bei Nummer 21. Dort stand Aladin, ein prächtiger, fast fünfjähriger Fuchs mit schmaler Strichblesse.

Aladin wurde im „Tannenhof" eine große Zukunft bei Springkonkurrenzen vorausgesagt. Tanja hatte schon öfter zugesehen, wenn sein Besitzer mit ihm in der Reitbahn arbeitete.

Weshalb interessierte sich nun dieser grauhaarige Reiter, der ihrem Großvater ähnlich sah, ebenfalls für Aladin? Sie wollte sich schon abwenden, als der Mann aus der Tasche seiner Reitjacke einen Apfel hervorholte, den er Aladin entgegenhielt.

Aladin wäre kein richtiges Pferd gewesen, wenn er sich diesen Leckerbissen nicht sogleich geschnappt hätte.

Verwundert setzte Tanja ihren Weg fort. Warum hatte der Fremde Aladin, nicht aber Romulus, seinem eigenen Pferd, einen Apfel gegeben?

Sie kam nicht dazu, diesem Rätsel länger nachzusinnen. Lars Hansen brach gerade mit einer Gruppe von Reitschülern zu einem Waldritt auf. Er winkte ihr zu.

„Melde dich in einer Stunde im Büro. Ich möchte dich sprechen."

„Ist gut", versprach Tanja und zog mit Prinz davon. Vergessen waren Aladin und sein merkwürdiger Besucher. Neue, bange Fragen tauchten in ihrem Kopf auf. Was wollte der Reitlehrer von ihr. War man im „Tannenhof" mit ihrer Arbeit nicht zufrieden? Wollte man ihr etwa gar Prinz wieder wegnehmen?

Mit zusammengepreßten Lippen band sie Prinz am Zaun fest, entnahm dem Putzzeug Striegel und Kardätsche und begann damit sein Fall verbissen zu bearbeiten. Sie hielt erst inne, als Lilo rief: „Was ist denn nur in dich gefahren? Du striegelst Prinz ja sämtliche Haare vom Fell!"

Tanja richtete sich auf und strich sich eine Haarsträhne glatt. „Ich soll um elf im Büro sein", verriet sie düster.

„Na und? Der schöne Lars wird dich schon nicht mit Haut und Haar verschlingen."

„Wenn ich nur wüßte, was er von mir will", gab Tanja mit einer vor Furcht ganz kleinen Stimme zurück.

Die kecke Lilo, die sich durch so was nicht aus der Ruhe bringen ließ, fand: „In genau siebenundzwanzigeinhalb Minuten wirst du es wissen!"

Es lebe Diabolo!

Tanjas Kehle war wie zugeschnürt, als sie das kleine Büro der Reitschule neben dem Schulstall betrat. Ihre Angst legte sich auch nicht, als Hansen sich erkundigte: „Wie geht es denn unserem Sorgenpferd Prinz heute?"

„G-gut", brachte Tanja mühsam hervor.

Hansen sah ihr offenbar an, daß sie vor Schrecken ganz starr war, denn mit einemmal sagte er: „Steh nicht wie vom Blitz getroffen da, Tanja. Du solltest inzwischen doch gemerkt haben, daß wir dir hier wohlgesinnt sind. Ich wollte dir vorschlagen, Prinz kurz vor Mittag in die Halle zu bringen. Wir wollen mal sehen, wie er sich als Reitpferd ausnimmt."

„Sie meinen... ich darf...?" japste Tanja und war nicht in der Lage einen richtigen Satz herauszubringen.

„Was hast du dir denn gedacht?" fragte Hansen belustigt.

„Ich... ich glaubte, Sie... Sie würden mir Prinz wegnehmen."

„Du lieber Himmel! Was du dir da wieder zusammengereimt hast", schalt Hansen gutmütig. „Dabei wollte ich dich fragen, ob du dich in den nächsten Tagen noch um ein anderes Pferd kümmern könntest."

Tanja blieb vor lauter Überraschung der Mund offen.

„Er geht um eines unserer Pensionspferde. Um Diabolo."

„Der Rappe in Nummer 7", gab Tanja prompt zurück.

„Richtig. Diabolo ist wie Prinz ein etwas empfindliches Pferd. Seine Besitzerin, die ihn täglich reitet, verreist für einige Zeit. Damit Diabolo sich in diesen Wochen im ‚Tannenhof' wohlfühlt, ist es wichtig, sein Vertrauen zu gewinnen. Da du mit Prinz so gut zurechtkommst, könntest du es auch mit Diabolo versuchen. Kannst du das übernehmen?"

Nun strahlte Tanja. „Diabolo kennt mich schon."

„Um so besser. Mach es wie bei Prinz, als du seine Freundschaft suchtest. Aber laß dem Rappen Zeit, sich an dich zu gewöhnen."

„Kann ich ihn auf die Weide mitnehmen?"

„Noch nicht. Wir wollen erst mal abwarten, wie er sich anstellt, wenn er merkt, daß seine Besitzerin nicht da ist."

„Er wird mich schon mögen", meinte Tanja zuversichtlich.

„Gut – dann bring Prinz später für ein paar Minuten in die Halle. Du kannst vorher mit ihm ein wenig den Wald entlang gehen, damit er sich wieder bewegen lernt."

Es klopfte, und gleich darauf erschien Herr Kretschmer unter der Tür.

„In der Reithalle bricht gleich ein Tumult los, wenn Sie nicht mit dem Unterricht beginnen", lachte er.

„Ich komme!" rief Hansen und griff nach Reitkappe und Peitsche.

„Noch etwas, Lars", hielt Herr Kretschmer den Reitlehrer zurück. „Wir erwarten heute nachmittag acht behinderte Kinder."

„Ich habe es nicht vergessen", gab Hansen zurück. „Ich reite mit ihnen in zwei Gruppen. Ich nehme Antar, Marius, Flipper und Saphir."

„Petra wird Ihnen helfen. Wir dürfen nicht übersehen, daß es sich zum Teil um gelähmte Kinder handelt, die sich nicht wie gesunde Reitschüler bewegen können."

„Ich weiß", gab Hansen etwas ungeduldig zurück, weil er diesen Hinweis seines Chefs für überflüssig hielt.

„Für diese Kinder ist dieser Besuch im ‚Tannenhof' ein besonderes Erlebnis", erinnerte der besorgte Pächter noch.

„Ja, ja – geht alles klar", versicherte Hansen, ehe er davoneilte.

Auch Tanja konnte nun nicht schnell genug verschwinden.

So hörte sie nicht mehr, wie der Chef des „Tannenhofes" seinem Reitlehrer nachrief: „Schießer trainiert mit Aladin. Hoffentlich bewegt sich der Fuchs heute etwas schneller und macht uns keine Schande."

Was ist mit Aladin los?

Es war selbstverständlich, daß Lilo Tanja begleitete, als sie mit Prinz den Waldrand entlangging. Dabei berichtete Tanja ausführlich, was sich im Büro der Reitschule vorhin abgespielt hatte.

„Du darfst heute also zum erstenmal Prinz reiten und zudem Diabolo betreuen helfen", faßte Lilo zusammen. „Du hast vielleicht ein Glück! – Hoffentlich wird Prinz nicht eifersüchtig, wenn du dich noch um Diabolo kümmerst?"

Energisch schüttelte Tanja den Kopf. „Prinz weiß, daß ich ihn deswegen nicht vernachlässige. Siehst du von der Galerie aus zu, wenn ich zum erstenmal aufsitze?"

„Das geht leider nicht", bedauerte Lilo. „Ich muß nach Hause. Meine Mutter kocht Marmelade, da muß ich bei der Beerenlese helfen. Du kannst mir ja abends erzählen, wie Prinz sich dabei benommen hat."

Tanja versetzte Lilo unversehens einen Stoß.

„He! Weshalb schubst du mich?" beschwerte sich Lilo.

Tanja legte den Finger an die Lippen. „Schscht..." Hastig verließ sie mit Prinz den Waldweg und bedeutete Lilo aufgeregt, ihr zu folgen.

„Was ist denn plötzlich in dich gefahren?"

„Der Mann da vorn..."

„Der Opa mit dem Fernglas neben dem Haselstrauch?"

„Ja. Diesen Mann habe ich heute morgen im Pensionsstall gesehen", wisperte Tanja betroffen.

„Na und? Jeder Reiter, der sein Pferd im ‚Tannenhof' hat, geht in den Pensionsstall."

„Er hat sich sehr komisch verhalten. Er gab einem Perd einen Apfel."

Lilo platzte heraus. „Du bist selber komisch. Warum soll er denn seinem Pferd keinen Apfel geben?"

„Er gab ihn nicht seinem Pferd, sondern Nummer 21. Sein Pferd ist Romulus, der Falbe auf Nummer 16. Er hat den Apfel aber Nummer 21 gegeben. Dort steht Aladin."

„Dann hat er eben Aladin einen Apfel gegeben", tat Lilo die Sache ab. „Du hast dich ja auch heimlich in den Stall geschlichen und Prinz mit Äpfeln und Mohrrüben gefüttert."

„Das war doch etwas anderes..."

„So? Das sehe ich nicht ein. Was soll deiner Meinung nach der Opa denn damit beabsichtigt haben?"

„Das weiß ich auch nicht", gab Tanja unglücklich zu. „Er wirkte dabei so seltsam; er sah sich verstohlen um, ehe er Aladin den Apfel gab."

„Hat er dich gesehen?"

„Nein."

„Sehen wir doch nach, was er da vorn mit seinem Fernglas treibt", schlug Lilo kurzerhand vor.

Die beiden Mädchen traten mit Prinz wieder auf den Waldweg. Sobald sie näher herangekommen waren, stellte Lilo erstaunt fest: „Er hat nicht nur ein Fernglas, er hält auch eine Stoppuhr in der Hand."

Tanjas Gesicht nahm unversehens einen anderen Ausdruck an. „Da unten ist die Reitbahn des ‚Tannenhofs'. Sehen wir nach, ob jemand trainiert."

Je näher sie der Reitbahn kamen, umso deutlicher war das dumpfe Klopfen von Pferdehufen hörbar.

Lilo blickte nach unten. „Da läuft ein Fuchs!"

„Das ist Aladin!" stellte Tanja überrascht fest. „Der Mann, der ihn reitet, ist sein Besitzer. Ich glaube, sein Name ist Schießer."

Der Reiter versuchte eben das letzte Hindernis des Parcours zu nehmen. Er stellte sich mit angewinkelten Knien in die Steigbügel und setzte zum Galoppsprung an. Doch Aladin brachte kaum die Unterschenkel hoch. Obwohl die Stange nur etwa siebzig Zentimeter hoch lag, riß er sie mit.

„Da ist ja auch Franz", rief Lilo.

Kopfschüttelnd hielt der Reiter nun auf Franz zu. Obwohl die beiden Mädchen nicht verstanden, was er dem Stallburschen zurief, konnten sie den Sinn seiner Worte doch erraten.

„Aladin hat das Hindernis nicht genommen. Das verstehe ich nicht", sagte Lilo.

„Ich auch nicht. Im ‚Tannenhof' halten sie sehr viel von ihm. Regula sagte neulich, daß er schon eine ganze Reihe von Springkonkurrenzen gewonnen hat und bald auch an größeren Anlässen teilnehmen könne."

„Aber heute scheint er ganz und gar nicht in Form zu sein. Vielleicht ist er krank."

„Nein", entgegnete Tanja. „Der Tierarzt untersucht alle ‚Tannenhof'-Pferde regelmäßig. Wenn eines krank ist, darf es nicht trainieren."

„Warum trottet Aladin dann so müde daher? Er klebt ja geradezu am Boden", warf Lilo ein.

„Keine Ahnung", gab Tanja ratlos zu. „Aber es ist doch merkwürdig, daß der Opa mit Fernglas und Stoppuhr sein Training verfolgte."

Das Wort „Stoppuhr" erinnerte die beiden Mädchen daran, daß es höchste Zeit war, zum „Tannenhof" zurückzukehren. Naheliegende Dinge drängten die unerklärlichen Vorkommnisse des Morgens nun in den Hintergrund. Tanja war in diesem Moment ganz vom bevorstehenden ersten Ritt mit Prinz erfüllt. Und auch Lilo war mit ihren Gedanken längst woanders.

Doch dann geschah beim Verlassen des „Tannenhofes" ganz unerwartet etwas, das die rätselhaften Begebenheiten in ein neues Licht rückte ...

Neue Geheimnisse

Sobald Tanja mit Prinz in der Reithalle verschwunden war, eilte Lilo davon. Es war nun wirklich allerhöchste Zeit, sich auf den Heimweg zu machen. Sie wollte gerade den Parkplatz überqueren, um zu ihrem Fahrrad zu kommen, als unversehens irgendwo der Name „Aladin" in der Luft hing. Dies veranlaßte sie natürlich, sogleich stehenzubleiben und sich zwischen den abgestellten Wagen vorsichtig umzusehen. Neben einem kleinen Laster spähte sie erst nach rechts, dann nach links und entdeckte schließlich drei Parkfelder entfernt einen Mann und eine Frau neben einem blauen VW Golf. Da sonst niemand auf dem Parkplatz war, konnten nur sie über Aladin gesprochen haben.

Neugierig spitzte Lilo die Ohren. Doch mit den Gesprächsfetzen, die der Wind zu ihr hinüberwehte, konnte sie vorerst nicht viel anfangen.

„... klappt es diesmal", sagte der Mann eben. Er wandte dabei den Kopf, und Lilo sah, daß er eine Narbe an der Schläfe hatte. Von der Frau waren hinter den geparkten Autos nur Kopf und Schulter zu sehen. Sie wirkte kräftig und hatte gewelltes rotbraunes Haar, das mit einem grünen

Stirnband zusammengehalten wurde. Beide waren jung. Das Gesicht der Frau wirkte besorgt, als sie entgegnete: „... keine Schwierigkeiten gibt. Vater ist... besessen... gleich, ob Romulus oder ein anderes Pferd..."

Nun sprach wieder der Mann mit dem Narbengesicht.

„... nichts passieren... sichere Sache..."

Er öffnete die Wagentür und setzte sich ans Steuer. Die Frau setzte sich neben ihn. Nun war von ihrer Unterhaltung nichts mehr zu verstehen.

Lilo schlich sich leise davon und nahm ihr Rad. Sie wollte gerade losfahren, als ein Mann auf einem Motorroller in scharfem Tempo in die Einfahrt schoß. Lilo wäre um ein Haar gerammt worden, weil der Fahrer sie nicht rechtzeitig gesehen hatte. In der letzten Sekunde riß er den Lenker herum und flitzte an ihr vorüber. Es ging alles so schnell, daß sie erst hinterher feststellte, daß es sich um den grauhaarigen Opa handelte, der vorhin mit Fernglas und Stoppuhr Aladin beobachtet hatte.

Aladin!

Was hatte das alles zu bedeuten? Erst die Sache mit dem Apfel, die Tanja heimlich verfolgt hatte, dann das unerklärliche Verhalten des Fuchses in der Reitbahn und der grauhaarige Mann, der ihn dabei hinter dem Haselstrauch verfolgte – und nun dieses junge Paar in dem blauen Wagen, das von Romulus und Aladin gesprochen hatte... Lilo war sicher, daß da irgend etwas nicht stimmte. Verwirrt trat sie den Heimweg an. Zu dumm, daß sie ausgerechnet jetzt nach Hause mußte. Viel lieber wäre sie in diesem Moment im „Tannenhof" geblieben. Doch wenn sie am Nachmittag nicht beim Beerenpflücken half, riskierte sie, zur Strafe eine ganze Woche dem „Tannenhof" fernbleiben zu müssen. Darauf durfte sie es nicht ankommen lassen.

Verschwörer unter sich

Auch im „Tannenhof" begann man sich nun über Aladin ernsthaft Gedanken zu machen. Als Lars Hansen vor der Mittagspause die Reithalle verlassen wollte, kam Franz ihm entgegen.

„Du hast wohl geahnt, daß ich dich sprechen möchte", rief Hansen.

„Genau das wollte ich auch", gab Franz zurück.

„Dann leg los."

„Es geht um Aladin."

„Gerade deswegen wollte ich ebenfalls mit dir reden", verriet Hansen. „Ich war heute morgen mit einer Gruppe auf einem Waldritt. Auf dem Rückweg kam ich an der Bahn vorbei. Unser Herr Schießer hat gerade mit dem Training von Aladin begonnen. Ich muß gestehen, so sonderbar habe ich den Fuchs noch nie erlebt."

Franz nickte zustimmend. „Ich kam etwas später auf den Parcours. Schießer war wütend, weil Aladin überhaupt nicht vom Fleck kam. Er sprach es zwar nicht offen aus, aber irgendwie gibt er doch uns die Schuld für das veränderte Verhalten des Fuchses."

„Ich kann ihn sogar verstehen", gab Hansen zu. „Es ist ja auch unerklärlich, daß das Pferd plötzlich so reagiert. Aladin lief bis dahin wie der Wind und scheute vor keinem Hindernis zurück. Heute morgen verweigerte er immer wieder. Ich versuchte Schießer einzureden, es sei die Hitze."

„Schießer hat mir erzählt, daß du mit ihm gesprochen hättest", gab Franz zurück.

„Die Ausrede mit der Hitze hat er vermutlich nicht geschluckt", meinte Hansen.

„Nein. Was machen wir denn jetzt? Aladin ist ein sehr gutes Pferd. Seine bisherigen Erfolge beweisen das. Aber in diesem Zustand kommt er nicht durch die nächsten Ausscheidungen. Er schafft zur Zeit nicht mal die Hälfte des erforderlichen Trainingsprogramms."

„Ich habe auch keine Erklärung dafür", entgegnete Hansen.

„Der Tierarzt war ja neulich hier. Er konnte absolut nichts feststellen."

„Wie wird Aladin im Augenblick gefüttert?"

„Er erhält das vom Tierarzt festgelegte Futter. Wie übrigens jedes unserer Pferde, das auf Springkonkurrenzen vorbereitet wird. Die anderen Tiere zeigen keine derartige Reaktion."

„Enthält das Gras, das er bekommt, etwas, das er nicht verträgt?"

„Dann hätten auch die anderen Pferde Verdauungsstörungen", erwiderte Franz. „Aladin hat keinerlei Symptome, die auf so etwas schließen lassen. Bis vor ein paar Wochen war er bei der gleichen Fütterung quicklebendig. Wenn man mit ihm in die Bahn ging, war ihm kein Hindernis zu hoch. Jetzt bringt er die Beine nicht vom Boden."

„Außer uns füttert ihn aber niemand", gab Hansen zu bedenken.

„Stimmt. Selbst Schießer gibt ihm nicht mehr als ab und zu ein paar Mohrrüben."

„Wir müssen so rasch als möglich etwas unternehmen", sagte Hansen entschlossen."

„Ja, das müssen wir. Schießer ließ bereits durchblicken, daß er den Stall wechselt, wenn das Pferd weiterhin so reagiert."

„Das müssen wir verhindern. In Reiterkreisen würde sich rasch die falsche Meinung bilden, die Tiere seien im ‚Tannenhof' nicht zuverlässig untergebracht."

„Das heißt, daß wir eingreifen müssen, ehe der Chef etwas merkt", schloß Franz daraus. „Hast du eine Idee?"

„Ja. Ein Freund von mir arbeitet seit kurzem im Tierspital. Er will sich auf Rennpferde spezialisieren. Er weiß über Pferde bestimmt mehr als unser Tierarzt, der auch Hunde, Katzen und Kanarienvögel behandelt. Ich werde ihn anrufen und ihn bitten, sich Aladin einmal anzusehen."

„Wenn du ihn hierher holst, riecht der Chef den Braten."

„Wir müssen es eben anders herum anfassen", riet Hansen. „Wir fahren mit Aladin zum Tierspital ..."

Franz begriff sofort. „Ich gebe im ‚Tannenhof' an, Aladins Beschlag kontrollieren lassen zu müssen. Das klingt sehr unverdächtig."

„Das nehme ich auch an. Ich rufe gleich mal an."

Hansen war mit wenigen Schritten im Büro. Franz sah zu, wie er zum Telefon griff und eine Verbindung mit dem Tierspital herstellte. Ein paar Augenblicke später war das Treffen vereinbart.

„Morgen abend!" gab Hansen bekannt, nachdem er aufgelegt hatte.

„Gut. Ich werde alles zum Transport vorbereiten", gab Franz mit Verschwörermiene zurück.

„Einverstanden. Aber laß auch Aladins Besitzer nicht wissen, was wir vorhaben. Wir wissen ja nicht, was dabei herauskommt."

Ein hoffnungsloses Durcheinander

Als Tanja an diesem Nachmittag nach Hause kam, war sie von ihrem ersten Reiterlebnis mit Prinz noch so erfüllt, daß sie förmlich auf Wolken schwebte. Ihre Begeisterung hielt auch noch an, als sich kurz nach dem Abendessen Lilo meldete.

„Es war himmlisch", schwärmte die sonst so zurückhaltende Tanja, nachdem sie mit ihrer Freundin in ihrem Zimmer verschwunden war.

„Lars Hansen oder Prinz?" erkundigte Lilo sich spitz. Der rosige Hauch auf Tanjas Wangen verriet, daß das Kompliment nicht nur dem Pferd gegolten hatte.

„Du stellst vielleicht Fragen", schimpfte sie. „Da vergeht einem ja die ganze Freude. Dabei habe ich noch nicht einmal erzählt, daß es auch mit Diabolo ganz gut ging."

„Ja, ja, schon gut", ging Lilo kurz darüber hinweg. „Im Augenblick gibt es viel Wichtigeres."

„Was denn schon?" warf Tanja etwas patzig ein.

„Aladin. Es ist allerhand geschehen, was du noch nicht weißt", gab Lilo eifrig bekannt. Ohne auf Tanjas Verstimmung zu achten, schilderte sie nun, was sie beim Weggehen vom „Tannenhof" erlebt hatte.

Tanjas schlechte Laune verflog im Handumdrehen. „Du hast also eine Frau mit rotbraunem Haar und einen Mann mit einer Narbe gesehen, die auf dem Parkplatz in einen blauen VW Golf gestiegen sind", faßte sie zusammen. „Und die beiden haben von Aladin gesprochen."

„Und von Romulus", fügte Lilo hinzu. „Und als ich lossausen wollte, kam dieser graubärtige Opa mit Fernglas und Stoppuhr auf einem Roller daher und fuhr mich beinahe um. Er muß den Roller irgendwo im Gebüsch abgestellt haben, wo wir ihn nicht bemerkten."

„Die Sache wird immer geheimnisvoller", fand Tanja. „Wie wir wissen, hat der Opa kurz zuvor Aladin klammheimlich einen Apfel gegeben und ihn dann etwas später beim Training beobachtet und seine Zeiten gestoppt. Somit muß mit dem Fuchs irgend etwas los sein. Aladin ist für ihn aus irgendeinem Grund sehr wichtig."

„Aus welchem Grund?"

„Das müssen wir eben herausfinden", erklärte Tanja prompt.

„Und wie machen wir das?"

„Indem wir ganz genau aufpassen, was um Aladin herum geschieht."

Die sonst so schlagfertige Lilo zögerte mit einemmal. „Wir sollten es Lars Hansen erzählen!"

„Das geht doch nicht", widersprach Tanja. „Wir haben ja keine Ahnung, was da vorgeht. Hast du nicht gesehen, wohin der Opa ging? Wandte er sich wieder dem Stall zu?"

„N-nein... Ich war so erschrocken", entschuldigte sich Lilo. „Außerdem war ich in Eile. Aber ich bin sicher, daß das Paar im blauen Wagen auf ihn gewartet hat."

„Warum bist du so sicher? Du hast ja nicht gesehen, ob sie mit dem Opa tatsächlich gesprochen haben."

Lilo fuhr sich aufgeregt durch ihr kurzes Kraushaar. „Natürlich habe ich es nicht gesehen..."

„Da siehst du selbst, daß die ganze Geschichte ein hoffnungsloses Durcheinander ist", belehrte Tanja ihre Freundin. „Wenn wir mehr darüber erfahren wollen, müssen wir in den nächsten Tagen tüchtig die Augen offenhalten.

„Wie soll ich denn das anstellen?" entgegnete Lilo vorwurfsvoll. Reitschülerinnen dürfen den Pensionsstall ja nicht betreten. Es sei denn, sie haben eine spezielle Erlaubnis, wie du."

„Dann achtest du eben auf das, was draußen vorgeht, während ich mich im Stall drin umsehe, wenn Aladin dort ist. Wir schreiben alles auf, was uns auffällt."

„Und damit gehen wir dann zu Lars Hansen", schloß Lilo.

Aber noch war es nicht so weit. Wieder einmal liefen die Dinge gar nicht so, wie die beiden emsigen Reitschülerinnen sich dies erhofft hatten...

Wenn Sattelkammern schwimmen...

Im „Tannenhof" begann der Arbeitstag jeweils sehr früh. Da mehr als vierzig Pferde versorgt werden mußten, war hier für Langschläfer kein Platz.

An diesem Morgen erlebte die kleine Belegschaft jedoch eine böse Überraschung. Irgendwann in der Nacht mußte im Schulstall eine Wasserleitung geborsten sein, denn als Bernhard die Tür zur Sattelkammer öffnete, stand er unversehens knöcheltief im Wasser. Auch die vorderen Boxen der

Schulpferde waren schon naß, und mit jeder Minute drang mehr Wasser ein.

Bernhard weckte seine Kameraden und die Pächterfamilie, und schon wenig später gingen sie mit vereinten Kräften gegen das Mißgeschick an.

Pächter Kretschmer lief in den Keller, um den Haupthahn zuzudrehen. Als er sich wieder zum Schulstall begab, waren seine Frau, seine Tochter und die beiden Tierpflegerinnen schon dabei, die Schulpferde auf die Weide zu bringen.

Nicht alle Tiere verließen willig den Stall. Sie spürten, daß etwas Ungewöhnliches vorgefallen war. Bei Mike, Antar, Figlio und dem Neuling Domino half nur gutes Zureden, um sie zum Verlassen ihrer Boxen zu bewegen.

Franz und Bernhard, die „Männer für alles", waren nicht nur gute Pferdekenner, sondern gleichzeitig auch bewährte Handwerker. Sie fanden die lecke Stelle bald und behoben den Schaden notdürftig.

„Ich sehe mal zu, daß ich über den Notfalldienst jemanden finde, der das rasch wieder in Ordnung bringt", sagte Lars Hansen und begab sich ins Büro.

Als er sich bald darauf wieder im Schulstall zeigte, meldete er: „Wir haben uns zwei Stunden zu gedulden, bis die Reparaturequipe hier ist."

„Wir haben bis dahin alle Hände voll zu tun", meinte sein Chef, der selbst tüchtig zufaßte. „Wir müssen die Sattelkammer ausräumen und das feuchte Stroh aus den Boxen schaffen. Vor allem müssen wir dafür sorgen, daß der Schulbetrieb weitergeht. Einen Ausfall an Stunden können wir uns nicht leisten. Der Ankauf von ‚Domino' und ‚Bajazzo' hat ein tüchtiges Loch in unsere Finanzen gerissen."

„Keine Sorge, unsere Schüler erhalten ihren gewohnten Unterricht", versicherte Hansen. „Ich greife nun selbst zum Striegel, damit unsere Pferdchen bereit sind, wenn die ersten Kinder eintreffen."

„Wir dürfen auch unsere Gäste im Pensionsstall nicht vergessen. Petra und Lisa sollen dort schon mal mit der Morgenarbeit beginnen."

„Ich gehe inzwischen in die Küche. Auf diesen Schrecken können wir alle einen kräftigen Kaffee vertragen", bemerkte Frau Kretschmer.

Sie lief eilig über den Vorplatz, als ihr Tanja und Lilo begegneten.

„Ihr kommt gerade recht!" rief sie den beiden Mädchen zu und erzählte, was sich zugetragen hatte. „Könnt ihr Lisa und Petra ein bißchen helfen? Die ersten Reiter kommen bald, da sollte der Pensionsstall in Ordnung sein." Etwas zweifelnd sah sie dann auf Lilos frischgebügelte zitronengelbe Baumwollhose und die blaugestreifte Bluse.

„Für den Stalldienst hast du viel zu hübsche Sachen an. Nimm einen von den Kitteln, die herumhängen, damit nicht alles schmutzig wird."

Doch das war Lilo vollkommen egal. Sie war der Vorsehung geradezu dankbar für die geborstene Wasserleitung.

Sobald Frau Kretschmer im Haus verschwunden war, stieß sie aufgeregt hervor: „Hast du das gehört, Tanja? Ich kann mit in den Pensionsstall! Somit können wir beide Aladin im Auge behalten. Ich habe Papier und Bleistift in der Tasche, um alles zu notieren."

Tanja teilte zwar die Begeisterung ihrer Freundin, fand aber: „Ab und zu sollten wir uns auch draußen umsehen.

Vielleicht tauchen der Mann und die Frau wieder auf, die du gestern beobachtet hast."

„Oder der Opa lauert wiederum irgendwo mit der Stoppuhr", fügte Lilo vielsagend hinzu.

„Hoffentlich nicht", entgegnete Tanja. „Im Augenblick haben wir gar keine Zeit, ihm auf den Fersen zu bleiben."

Das Röhrchen mit den roten Bohnen

Die nächste Stunde verging damit, daß Tanja und Lilo unermüdlich Stroh herbeischafften und eimerweise Wasser schleppten, da der Wasserhahn im Stall ja zugedreht war. Unerwartet tauchte dann Lars Hansen in der Stallgasse auf.

„Ich war heute früh noch nicht hier drin."

„Alles in Ordnung, Lars", versicherte Lisa, die in Nummer 5 gerade frisches Stroh verteilte.

Hansen warf einen prüfenden Blick auf Prinz.

„Bist du schon durch mit ihm?" wandte er sich an Tanja.

„Nein – aber ich nehme ihn gleich dran."

„Für eine weitere Reitstunde bleibt heute nach dem Malheur mit der Wasserleitung wohl keine Zeit", meinte Hansen.

„Dann vielleicht morgen."

Hansen drehte sich der anderen Seite der Stallgasse zu.

„Was macht Diabolo?"

„Ich fand ihn vorhin sehr nervös", verriet Lisa.

Doch Tanja war anderer Meinung. „Wenn man mit ihm redet, bleibt er schön ruhig."

„Dann mach so weiter mit ihm. Wenn er spürt, daß wir seine Freunde sind, wird er uns allmählich vertrauen."

Dann stand Hansen mit einemmal vor Nummer 21.

„Und wie geht es Aladin heute früh?" erkundigte er sich beiläufig.

„Er ist recht munter", verriet Petra. „Wahrscheinlich wirkt nur der Springparcours wie ein Schlafmittel auf ihn", fügte sie lachend hinzu.

Hansen gab keine Antwort. Er war froh, daß in diesem Moment Frau Kretschmer erschien. „Ich habe drüben das Frühstück bereit", rief sie Hansen zu. „Stärkt euch noch tüchtig, ehe der Unterricht beginnt!"

Sie stellte neben dem Eingang einen Korb ab und sagte zu Tanja: „Hier sind ein paar Brote für dich und Lilo. Apfelsaft ist auch dabei. Wir sind froh, daß ihr mitgeholfen habt. Aber setzt euch draußen irgendwo hin. Hier drin ist die Luft zu stickig."

Tanja und Lilo bedankten sich.

„Dann macht jetzt mal Pause", riet Hansen den beiden Mädchen, ehe er sich selbst ins Pächterhaus begab.

„Wir gehen zur Tannengruppe neben der Weide", schlug Tanja vor. „Von jenem Punkt aus läßt sich der Stalleingang gut überblicken."

Doch vorerst galt die Aufmerksamkeit der beiden dem gemütlichen Schmausen.

Langsam begann sich die Anlage nun zu beleben. Die ersten Reitschüler trafen ein, scharten sich verwundert um den Zaun der Weide und ließen sich erzählen, weshalb die Schulpferde bereits im Freien waren.

Gerade in diesem Augenblick waren wieder Motorengeräusche vom Parkplatz her zu hören. Dann das Zuschlagen einer Wagentür und harte, schnelle Schritte auf dem Pflaster.

Zwischen den üppig blühenden Rabatten, die das Pächterhaus und den Stall säumten, erschien eine junge Frau in schwarzer Reithose, hellroter Bluse, auf dem Kopf eine schwarzsamtene Reitkappe, in der Hand eine Peitsche. Tanja reckte neugierig den Kopf. Sie kannte die Reiterin nicht. Gleichzeitig zog Lilo neben ihr scharf den Atem ein, richtete sich kerzengerade auf und schnellte in der nächsten Sekunde wie ein Gummiball hoch. Ohne eine Erklärung abzugeben, stürmte sie davon und hielt erst an, als sie vor dem Pensionsstall stand, in dem die Frau verschwunden war.

Tanja, die ihrer Freundin verwundert gefolgt war, fragte: „Was ist denn in dich gefahren?"

„D-das ist sie!" würgte Lilo endlich hervor. „Die Frau, die gestern mit dem Narbengesicht über Aladin redete..." Nun begriff auch Tanja. „Das Paar in dem blauen Wagen." Vorsichtig spähten sie nun durch die offene Stalltür. Die Frau stand mitten in der Stallgasse und sah sich prüfend um.

„Wenn wir erfahren wollen, was sie macht, müssen wir hinein", wisperte Tanja.

Auf Zehenspitzen schlüpften sie in die erste, leere Box. An die Trennwand gepreßt verfolgten sie nun jede Bewegung der Frau.

Um sicher zu sein, daß niemand im Stall anwesend war, rief die fremde Reiterin nun laut: „Hallo – ist jemand hier?"

Als sie nur das Wiehern eines erschrockenen Pferdes zur Antwort bekam, warf sie nochmals einen Blick zur Tür, und eilte dann nach hinten. Vor Nummer 21 blieb sie stehen.

Tanja hielt den Atem an. „Sie ... sie ist bei Aladin!"

Und dann verfolgten die beiden heimlichen Beobachterinnen, wie die Frau einen Apfel aus der Tasche ihrer Reithose zog. Ihr entging anscheinend, daß dabei gleichzeitig etwas ins Stroh fiel.

Mit leisen, lockenden Worten hielt sie Aladin auf der flachen Hand den Apfel entgegen.

Schwupp – war die Hand leer.

„Braves Tier!" lobte die Frau.

Die Tritte schwerer Stiefel verrieten, daß sich jemand dem Stall näherte.

Blitzartig schoß die Frau nun nach vorn.

Als Franz auftauchte, rief sie lauter als notwendig: „Ach, Herr Franz, ich vermißte Sie schon!"

„Guten Tag, Frau Bender. Ich war nur für ein paar

Augenblicke weg ... Romulus ist bereit, falls Sie mit ihm arbeiten wollen."

„Ja, das möchte ich. Er muß am Wochenende für die Konkurrenz in guter Verfassung sein."

„Sofort, Frau Bender!" Franz lief weg, um den Sattel zu holen.

Wenig später übergab er der Reiterin vor dem Stall das gesattelte Pferd.

Diesen Moment benützte Tanja, um pfeilschnell zu Aladins Box zu sausen und den Gegenstand aufzunehmen, der der Reiterin aus der Tasche gefallen war.

Franz kehrte zurück, bemerkte die beiden Mädchen und fragte: „Ach, ihr seid auch schon wieder hier?"

„Ja – ich gehe jetzt mit Prinz ins Freie. Wenn ich mit dem Putzen fertig bin, laufe ich mit ihm ein wenig den Waldrand entlang."

„In Ordnung", gab Franz zurück, als er die Stallgasse sauberzumachen begann. „Aber sieh zu, daß er nicht zuviel Grünfutter aufnimmt."

„Ich werde darauf achten", versprach Tanja.

Sobald sie draußen waren, vermochte Lilo ihren Mund nicht mehr zu halten.

„Was wollte diese Frau Bender bei Aladin, wenn doch Romulus ihr Pferd ist?"

„Ich frage mich auch, was das alles soll", gab Tanja nachdenklich zu, während sie Prinz' Fell zu bearbeiten begann.

„Anscheinend reitet nicht nur der Opa Romulus, sondern auch unsere fesche Reiterin", hielt Lilo fest.

„Und beide haben Aladin einen Apfel gegeben, während

Romulus leer ausging. Warum haben sie das getan?" überlegte Tanja.

„Das weiß ich auch nicht", gestand Lilo. „Aber fest steht nun, daß meine Vermutung richtig war: der Opa, diese Frau Bender und das Narbengesicht gehören zusammen!"

„Aladin und Romulus..." murmelte Tanja. „Irgendwo muß es da ein Geheimnis geben."

„Das glaube ich auch", bestätigte Lilo, zog ihren Notizblock hervor und vermerkte ein paar Stichworte.

Tanja erinnerte sich nun an den Gegenstand, den die Reiterin vor Aladins Box verloren hatte. Sie zog den Fund aus der Tasche und entdeckte, daß es sich um ein kleines braunes Röhrchen mit einem blauweißen Etikett handelte.

„Das ist aus einer Apotheke", stellte Lilo fest. „Es sind Pillen drin." Laut buchstabierte sie die Aufschrift: „D-or-ma-w-e-ll..."

Sie nahm Tanja das Röhrchen aus der Hand und schraubte den goldenen Metalldeckel ab. Zwei der Pillen ließ sie in die hohle Hand gleiten. „Die sehen aus wie rote Bohnen. Wofür die wohl sind?"

„Keine Ahnung. Aber etwas stimmt da nicht", nahm Tanja an.

Lilo nagte nachdenklich an ihrer Unterlippe. „Fundgegenstände müssen im Büro des ‚Tannenhofes' abgegeben werden. Was meinst du, müssen wir das Röhrchen abgeben?"

Tanja brauchte sich die Antwort nicht lange zu überlegen.

„Erst wollen wir herausfinden, was drin ist", entschied sie.

„Und wer kann uns das verraten?"

„Apotheker Kellermann!"

Prinz war nicht zufrieden, daß er nun auf seinen Waldspaziergang verzichten mußte. Wie hätte er auch verstehen können, daß es für seine junge Betreuerin im Augenblick – ausnahmsweise – etwas viel Wichtigeres gab!

Schlafpillen für Krokodile?

Wer in Kirchstadt zur Apotheke wollte, hatte sich zum Rathausplatz zu begeben. Hier, wo die alten spitzgiebligen Häuser dicht nebeneinander standen, hatte auch die Apotheke von Herrn Kellermann seit vielen Jahren ihren angestammten Platz. Es gab wohl keinen Stadtbewohner, der sich da nicht schon mal Rat und Hilfe geholt hätte.

Als Tanja und Lilo eintraten, stand nur der junge Apothekergehilfe hinter dem Ladentisch. Er füllte bunte Vitaminbonbons in kleine Beutel und fragte ohne aufzusehen: „Was kann ich für euch tun?"

„Wir möchten Herrn Kellermann sprechen."

„Herr Kellermann ist beschäftigt. Ich kann euch bestimmt auch helfen. Worum geht es denn?"

Tanja und Lilo tappten verwirrt von einem Fuß auf den anderen. „Wann ist denn Herr Kellermann zu sprechen?" Im Hintergrund tauchte eine massige Gestalt in einem weißen Kittel auf, und eine tiefe Stimme fragte: „Ist das nicht die kleine Tanja Weber, die mich sprechen möchte?"

„Oh, Herr Kellermann!" rief Tanja erleichtert.

Die beiden Mädchen reichten dem Apothekter artig die Hand.

„Na, was führt euch denn her? Tut euch der Hals weh, oder habt ihr euch beim Schwimmen die große Zehe verstaucht?"

Tanja fiel nicht in den heiteren Ton des Apothekers ein. Ernst sagte sie: „Wir möchten Sie etwas fragen ..." Sie zog das Röhrchen aus der Tasche und fuhr fort: „Können Sie uns sagen, was da drin ist?"

Der Apotheker rückte seine Brille zurecht, nahm dann den kleinen Glasbehälter und sagte kopfschüttelnd: „Dormawell – wo habt ihr denn das her?"

„Wir ... wir haben es gefunden", erklärte Lilo kurz.

„Dormawell ist ein Schlafmittel, das auf keinen Fall in eure Hände gehört."

41

„Ein Sch-schlaf-m-mittel?" stotterte Tanja.

„Ja. Ein recht starkes obendrein. Eine anständige Dosis davon würde selbst ein Krokodil ins Land der Träume befördern."

„Ein Krokodil!" kicherte Lilo nervös. „Gibt man so was denn einem Krokodil?"

„Ich hab's noch nie versucht", zwinkerte der Apotheker. „Aber bei Hunden, Katzen, Kühen oder Pferden könnte ich mir das schon vorstellen."

„Pferden?" riefen Tanja und Lilo wie aus einem Mund.

„Du lieber Himmel!" rief der Apotheker. „Euern Gesichtern nach zu schließen, habe ich wohl etwas Verkehrtes gesagt."

„Nein, nein ..." sagte Tanja sogleich. „Man kann dieses Mittel also Tieren geben", griff sie den Faden wieder auf.

„Nun – Tierärzte haben spezielle Arzneien, wenn ein Tier ein Beruhigungsmittel braucht. Dormawell ist für Menschen gedacht. Ein Erwachsener braucht vielleicht zwei dieser roten Dinger, um seine Schlaflosigkeit überwinden zu können."

„Und ein Tier?"

„Das hängt von seiner Größe ab."

„Wieviele von diesen roten Bohnen würde ein Pferd benötigen?" wollte Tanja wissen.

„Ihr stellt vielleicht Fragen", seufzte Apotheker Kellermann. „Ich nehme an, ein Pferd braucht etwa zehnmal soviel wie ein erwachsener Mensch. Das heißt aber noch nicht, daß es dann auch schläft."

„Aber es wäre bestimmt müde", vermutete Lilo.

„Sicher. Ein Rennen würde es in diesem Zustand gewiß nicht gewinnen."

„Aladin!" murmelte Tanja, der plötzlich ein Licht aufging.

„Große Tiere können diese winzigen Pillen bestimmt nicht schlucken", nahm Lilo an. „Sie spüren sie auf der Zunge nicht."

„Tieren werden Medikamente meist im Futter verabreicht", verriet der Apotheker.

„Man könnte somit diese roten Schlafbohnen in eine Wurst stecken, die das Tier dann frißt."

„Richtig. Oder in eine Frucht, falls es sich nicht um einen Fleischfresser handelt."

„Äpfel!" krähten Tanja und Lilo gleichzeitig.

Plötzlich hatten sie es eilig, wegzukommen.

„Danke, Herr Kellermann", rief Tanja und wollte schon aus der Apotheke flitzen.

Doch Herr Kellermann hielt sie zurück. „Halt – wollt ihr mir nicht erzählen, weshalb ihr mir all diese Fragen gestellt habt? Und das Röhrchen mit den Schlaftabletten, das laßt ihr besser hier..."

Aber Lilo und Tanja waren bereits verschwunden.

Der Apotheker schüttelte den Kopf. „Die Jugend von heute! Sie ist manchmal recht schwer zu verstehen."

Böse Entdeckungen

Es lag auf der Hand, daß Tanja und Lilo nach diesem aufregenden Besuch in der Apotheke erst einmal Zeit zum Nachdenken brauchten.

Doch, als sie im „Tannenhof" zu ihrem Platz neben der

Tannengruppe zurückkehren wollten, begegneten sie Petra. Sie schwang etwas aufgebracht den liegengebliebenen Frühstückskorb.

„Wenn ihr wieder einmal wegrennt, dann räumt vorher wenigstens die Reste eures Festmahls zusammen und bringt den Korb zurück", tadelte sie.

„Tut uns leid, das haben wir vergessen", gestand Tanja.

Petra blieb stehen. „Wo seid ihr denn gewesen? Ihr wirkt ja ganz aufgelöst."

„Wir ... wir hatten etwas zu erledigen", verriet Lilo und betrachtete dabei intensiv die Spitzen ihrer ausgetretenen Turnschuhe.

Tanja griff nach dem Korb. „Ich mache das selbst."

„Mir soll's recht sein", erklärte Petra friedlich. „Wenn wir auf ein Wochenende mit einer Springkonkurrenz zugehen, gibt es ohnehin mehr Arbeit als sonst."

Tanja stellte den Korb im Flur des Pächterhauses ab und rief ihrer Freundin dann zu: „Komm mit!"

„Wohin denn?"

„Im Büro sind jeweils die Pferde auf der schwarzen Tafel vermerkt, die an den Springkonkurrenzen teilnehmen."

„Ohne Grund können wir nicht hingehen", warnte Lilo.

„Zwischen zwei Reitstunden herrscht immer so viel Betrieb, daß wir unbemerkt einen Blick durch die Tür werfen können", meinte Tanja.

So war es denn auch. Doch diesmal war das Gedränge noch schlimmer als sonst, denn ein Teil des Vorplatzes zwischen Schulstall und Reithalle war der geborstenen Wasserleitung wegen abgesperrt worden, damit die Handwerker ungestört arbeiten konnten.

Lars Hansen trat gerade aus der Reithalle, und sogleich scharten sich ein paar Mädchen der kommenden Stunde um ihn.

„Herr Hansen, kann ich wieder Kobold haben?" flötete ein langes, mageres Ding mit einer Zahnspange.

Lilo stieß Tanja an. „Sieh dir diese blöden Schnattergänse an. Die können es nicht lassen, den flotten Lars anzuhimmeln. Von Pferden verstehen sie nicht die Bohne!"

„Wen interessiert das schon", gab Tanja reichlich forsch zurück, um ihre eigene Sympathie für den Reitlehrer nicht sichtbar werden zu lassen.

Sie kämpften sich zum Eingang des kleinen Büros durch. Da die Tür offenstand, ließ sich der Vermerk an der schwarzen Tafel leicht von draußen ablesen:

<u>Springkonkurrenz vom 18. Juli</u>

Sturmwind
Romulus
Aladin
Luna
Thor
Nike

Zwei Namen hoben sich für Tanja und Lilo brandrot aus dieser Reihe heraus – Romulus und Aladin!

„Jetzt ist alles klar", fand Lilo, als sie sich zurückzogen. „Ich glaube, da bahnt sich eine ganz schlimme Sache an."

„Jemand will, daß Aladin am Sonntag die Konkurrenz nicht gewinnt", fügte Tanja finster hinzu.

„Wahrscheinlich hat er das letzte Springen aus dem gleichen Grund verloren. Man hat ihm Schlaftabletten gegeben, damit er nicht zu laufen imstande war", knirschte Lilo.

„Dabei ist Aladin das Pferd, das die besten Chancen hat. Für mich ist sonnenklar, wer hinter dieser Sache steckt."

„Ja – die Firma Narbengesicht. Was machen wir jetzt?"

„Wenn wir Lars Hansen von unserem Verdacht erzählen, wird er uns kein Wort glauben, weil wir ja keine Beweise für diese jämmerliche Attacke auf Aladin haben.

„Wir haben das Röhrchen mit den Pillen", erinnerte Lilo.

„Das reicht nicht aus."

„Dann bleibt uns nur eines: wir müssen diese gräßlichen Leute auf frischer Tat ertappen!" fand Lilo.

Da konnte Tanja nur zustimmen. „Und vor allem müssen wir verhindern, daß Aladin weiter mit diesem schrecklichen Zeug gefüttert wird."

„Zu dumm, daß wir heute morgen noch nicht wußten, was wir jetzt wissen", bedauerte Lilo. „Aber von jetzt ab soll die Firma Narbengesicht kein leichtes Spiel mehr haben. Ich werde morgen schon sehr früh im ‚Tannenhof' sein!"

Wer denkt denn gleich an so was!

Es traf sich gut, daß die Kretschmers an diesem Nachmittag unerwartet den Besuch eines ausländischen Gutsbesitzers erhielten. Dadurch waren sie so beschäftigt, daß Lars Hansen und Franz gegen Abend ohne weitere Erklärungen mit Aladin den „Tannenhof" verlassen konnten.

Nur Regula erkundigte sich: „Was habt ihr denn mit Aladin vor?"

„Wir wollen den Beschlag prüfen lassen", gab Franz kurzerhand zurück.

„Na ja", meinte Regula daraufhin, „ein schlechtsitzendes Hufeisen hat schon manches Pferd am Laufen gehindert."

„So ist es!" bestätigte Hansen, als er sich ans Steuer des Transporters setzte.

Im Tierspital erwartete man ihn bereits. Hansen machte seinen Freund Uwe Jäger mit Franz bekannt und sagte dann: „Uwe schreibt an einer Doktorarbeit über Rennpferde. Wenn einer unser Rätsel mit Aladin lösen kann, dann ist er es!"

„Erwarte nicht zuviel von mir, Lars", wehrte der junge Tierarzt ab. „Deinem gestrigen Anruf entnahm ich nur, daß die Sache ziemlich ernst ist."

„Ja, das ist keineswegs übertrieben."

Jäger hörte sich nun die Schilderung von Aladins Zustand an und faßte dann in wenigen Worten zusammen: „Das Pferd zeigt Ermüdungserscheinungen, die ihr euch nicht erklären könnt."

„Ja."

„Verweigert der Fuchs das Futter?"

„Nein."

„Und Anzeichen für eine Erkrankung wurden auch nicht festgestellt?"

„Nein. Das ist es ja, was die Sache so sonderbar macht."

„Auch keine Temperatur?"

„Nein."

„Dann wollen wir mal sehen." Mit diesen Worten ließ der Tierarzt die beiden Männer allein.

Etwa eine Stunde später meldete er sich wieder mit den

ersten Untersuchungsergebnissen. In seinem Gesicht zuckte es vor unterdrückter Heiterkeit, als er sagte: „Wenn's nicht so traurig wäre, könnte man eigentlich darüber lachen."

„Was soll das heißen?" fragte Hansen erstaunt.

„Aladin wird rasch wieder in Ordnung sein, wenn ihr aufhört, ihn mit Schlaftabletten zu füttern."

Franz fuhr hoch, als hätte ihn eine Hornisse gestochen. „Wie bitte?"

„Aladin ist nicht krank. Er ist nur müde, weil ihm ein Schlafmittel verabreicht worden ist. Kein Wunder, daß er nicht mehr lospurtet."

Hansen lief vor Zorn rot an. „Bitte, Uwe, auf diesem Gebiet verstehe ich durchaus keinen Spaß. Im ‚Tannenhof' verfüttern wir den Tieren keine Schlummerpillen."

„Das habe ich auch nicht angenommen. Doch die Untersuchungen zeigen deutlich, daß er Stoffe im Körper hat, die ihn lahmlegen. Und zwar Stoffe, wie sie in Schlafmitteln enthalten sind, die man in jeder Apotheke findet. Jemand hat es wohl auf diesen Fuchs abgesehen. Ich kann euch nur raten, die Augen offenzuhalten."

„Ich kann es nicht fassen", stöhnte Franz.

„Wie lange geht das schon so?" fragte Jäger.

„Ein paar Wochen. Aladin war in der letzten Saison sehr vielversprechend. Bei uns ist er erst seit ein paar Monaten. Bei den letzten Prüfungen fiel er ohne ersichtlichen Grund stark zurück", erklärte Hansen.

Und Franz setzte noch hinzu: „Am nächsten Sonntag findet bei uns ein kleiner, aber doch wichtiger Wettbewerb statt."

„Da sollte der Fuchs wohl teilnehmen", vermutete der

Tierarzt. „Bis dahin wird er längst wieder pudelmunter sein."

„Auch wenn er teilnehmen kann, hat er einen ordentlichen Trainingsrückstand", befürchtete Franz.

„Nehmen noch weitere Pferde vom ‚Tannenhof' an dieser Konkurrenz teil?"

„Ja. Aber außer Aladin zeigte keines diese Merkmale. Aladin hätte die größten Gewinnchancen."

„Haben fremde Personen Zutritt zum Stall?"

„Nur die Besitzer der Pferde und die ‚Tannenhof'-Angestellten", versicherte Franz.

„Weiß euer Chef davon?"

„Bewahre!" beteuerte Hansen. „Er soll es wenn möglich auch nicht erfahren."

„Das verstehe ich durchaus", entgegnete Jäger. „Keine Reitschule kommt gern auf diese Weise ins Gerede. Eigentlich müßten solche Vorfälle der Polizei gemeldet werden."

„Nur das nicht!" wehrte Hansen ab. „Dann wüßte bald alle Welt von dieser üblen Geschichte."

Franz pflichtete ihm bei. „Das müssen wir allein und ohne jedes Aufsehen in Ordnung bringen."

„Ich habe eurem Fuchs etwas zur Aufmunterung verabreicht. Er wird seinem Besitzer fortan keinen Kummer mehr machen. Dies gilt natürlich nur, wenn er keine Schlafmittel mehr bekommt."

„Das werden wir zu verhindern wissen", versicherte Hansen entschlossen.

Wenig später waren die beiden Männer auf dem Rückweg zum „Tannenhof".

„Ich habe ja an vieles gedacht", gab Franz zu, als sie sich

in den Abendverkehr einschleusten. „Aber auf so was wäre ich nicht gekommen."

„Mir kam flüchtig der Gedanke an Drogen", gestand Hansen. „Aber jetzt, wo dies eine erwiesene Tatsache ist, kann ich doch kaum glauben, daß jemand zu solchen Mitteln griff, um Aladin auszuschalten."

„Hast du einen Verdacht, wer dafür in Frage kommt?" erkundigte sich Franz.

„Nein ..."

„Ich auch nicht. Aber irgend jemand muß es ja gewesen sein. Wollen wir Lisa, Regula und Bernhard informieren?"

„Warten wir mal die heutige Nacht ab", riet Hansen. „Wir werden abwechselnd im Stall kampieren."

„Damit können wir aber erst beginnen, wenn im ‚Tannenhof' alles schläft!" gab Franz zu bedenken.

Spuk im Stroh

Als es auf Mitternacht ging, breitete sich eine tiefe, samtene Sommernacht über Kirchstadt. Die Reitschule lag still und friedlich da.

Und doch war etwas anders als sonst: Box Nummer 21 hatte einen neuen Gast – Domino, den neuen Fuchs aus dem Schulstall.

Lars Hansen wollte Aladin keinem Risiko mehr aussetzen. Sobald im „Tannenhof" die Lichter erloschen waren, hatte er mit Hilfe von Franz die Pferde ausgetauscht. Domino sah Aladin sehr ähnlich. Nur wer genauer hinsah, erkannte, daß seine Stirnblesse nicht so ausgeprägt war wie jene Aladins. Doch in der Dunkelheit der Nacht ging dieser Unterschied verloren.

Aber nicht genug damit. Um für die Überwachung von Nummer 21 einen möglichst guten Platz zu haben, wurde die gegenüberliegende Box freigemacht und soviel Stroh darin gestapelt, daß sich die beiden Männer getrost darin verbergen konnten.

„Ich übernehme die erste Schicht", schlug Franz vor, als sie sich mit Decken, Taschenlampe, Kaffee und ein paar Broten so gut als möglich einrichteten.

„Dann löse ich dich um drei Uhr früh ab", entgegnete Hansen, als er sich ins Stroh verkroch.

Der Tag war so anstrengend gewesen, daß er sofort einschlief. Als Franz ihn wachrüttelte, glaubte er, nicht länger als fünf Minuten geschlafen zu haben.

Am Anfang fiel es ihm leicht, sich wachzuhalten und auf die vielfältigen Laute im Stall zu lauschen. Doch bald schon machte ihm die drückende Wärme im Stall zu schaffen. Da die Tür verriegelt bleiben mußte, blieb die erfrischende Nachtkühle ausgesperrt. Die kühle Luft, die durch die hochliegenden Luken hereinströmte, vermochte die stickige Hitze wenig zu mildern.

Schon bald schlief nicht nur Franz laut und vernehmlich, auch der tatkräftige Reitlehrer des „Tannenhofes" sah und hörte nicht mehr, was um ihn herum geschah. Hansen schreckte erst hoch, als es in der Box plötzlich lebendig zu werden schien und Franz in seiner Ecke zu wettern begann, denn irgend etwas Schweres war da mitten aus der Finsternis auf seine Beine geplumpst.

Hansen erfaßte, daß sie es mit einem Eindringling zu tun

hatten, denn unversehens bekam der Fremdkörper Arme und Beine, mit denen er sich aus dem Stroh herauszuarbeiten versuchte. Seine Hand schnellte vor, bekam Stoff und ein Büschel Haare zwischen die Finger und faßte tüchtig zu.

Sogleich schlug ihm ein wehklagendes: „Au ... au ...!" entgegen.

Franz knurrte: „Was zum Teufel ist denn da los?"

„Wir haben Besuch", zischte Hansen und schob mit den Füßen das Stroh beiseite, um einen Blick auf das strampelnde Bündel werfen zu können.

„Am frühen Morgen ein Besuch im Stall! So hast du dir das gedacht", knirschte Hansen grimmig. „Aber daraus wird diesmal nichts, denn wir sind dir auf die Schliche gekommen!" Zur Unterstützung seiner Worte schüttelte er den sich unter seinen Händen windenden Eindringling.

„Aber, Herr Hansen..." kam es da weinerlich aus dem Stroh.

Franz hatte mittlerweile zur Taschenlampe gegriffen. Groß war die Überraschung, als der Lichtstrahl auf einen braunen Lockenschopf fiel.

Hansen lockerte seinen Griff sofort, denn die Stimme kam ihm bekannt vor. „Lilo!" rief er aufgebracht. „Wie in aller Welt kommst du hierher?"

Der barsche Ton des Reitlehrers raubte Lilo den letzten Rest von Mut. Tränen perlten über ihre runden Wangen, als sie stammelte: „Ich... ich wollte doch nur..."

„Das ist der reinste Spuk", schmetterte Franz dazwischen. „Du bist wohl wie ein Geist durch die Luft geflogen!"

„Es ist nur wegen Aladin... Tanja und ich wollten verhindern, daß er nochmals Schlaftabletten bekommt..."

Franz glaubte sich verhört zu haben. „Was sagst du da?" Doch Lars Hansen verzichtete auf lange Floskeln. Klar und deutlich fragte er: „Woher wißt ihr davon?"

Da die Unterhaltung ziemlich laut geworden war, begannen einige Pferde unruhig zu werden.

„Hier können wir uns nicht unterhalten", stellte er sogleich fest. „Wir gehen nach vorn in die Sattelkammer."

Ergiebige Plauderstunde

Lilo ließ sich ohne weitere Widerrede zu einer umgestülpten Kiste dirigieren.

„Setz dich!" verlangte Hansen finster. Er blieb neben der Tür stehen, um die Stallgasse im Auge behalten zu können. „Also – wie ist das nun?" drängte er. „Wie kommt ihr auf die Idee, Aladin erhalte Schlaftabletten?"

„Weil wir alles gesehen haben. Ich meine, daß Aladin beim Training langsam war... und den Opa mit dem Fernglas und der Stoppuhr. Und weil wir die Pillen gefunden haben, nachdem Aladin wieder einen Apfel bekam..."

Zorn lag in Hansens Worten, als er sagte: „Ihr stellt so ungeheuerliche Dinge fest und sagt mir kein Wort!"

„Wir wußten ja nicht, worum es ging. Erst nachdem Tanja die roten Pillen dem Apotheker gezeigt hat, nahmen wir an, daß Aladin..."

Lars Hansen sah ein, daß es keinen Sinn hatte, Lilo Vorwürfe zu machen. „Nun erzähl mal der Reihe nach, wie sich alles abgespielt hat", verlangte er kurz.

Stockend berichtete Lilo.

„Das ist ja eine abscheuliche Sache", empörte sich Franz. „Und so was im ‚Tannenhof', wo auf gute Tierhaltung stets großen Wert gelegt wird."

„Das ist es ja, was mich an der ganzen Affäre so ärgert", gestand Hansen. „Tut mir übrigens leid, daß ich dich vorhin so unsanft angefahren habe", entschuldigte er sich bei Lilo.

„Tanja hat also vor zwei Tagen im Pensionsstall einen grauhaarigen Reiter mit Bart gesehen, der Aladin einen Apfel gab", wiederholte Franz.

„Und denselben Mann hat sie vorher mehrmals mit Romulus gesehen", fiel Hansen ein. „Ihr beide habt dann vom Waldrand aus beobachtet, wie dieser Mann mit Fernglas und Stoppuhr Aladins Training verfolgte. Als du später den

,Tannenhof' verlassen wolltest, hast du einen Mann und eine Frau gesehen, die sich über Aladin und Romulus unterhielten. Das Paar stieg dann in einen blauen Wagen."

„Und als du auf deinem Fahrrad losfahren wolltest, wurdest du fast von dem älteren Mann überfahren, der auf einem Roller in den Parkplatz einschwenkte", ergriff Franz wieder das Wort. „Gestern morgen dann haben du und Tanja die gleiche Frau wieder gesehen. Ich war in diesem Moment nicht im Stall. Sie benützte diese Gelegenheit, um Aladin abermals einen Apfel zu geben. Als sie mich kommen hörte, lief sie rasch zur Box von Romulus. Sie hat nicht bemerkt, daß sie ein Pillenröhrchen verlor."

Lilo nickte.

„Dann habt ihr gehört, wie Franz die Frau mit dem Namen Bender ansprach", meldete sich nun Lars Hansen. Danach seid ihr zu Apotheker Kellermann gegangen und habt dort erfahren, daß das Röhrchen, das Tanja vor Aladins Box gefunden hat, Schlaftabletten enthält."

„Ja, das ist richtig", bestätigte Lilo.

„Was habt ihr denn daraufhin beschlossen?" erkundigte sich Franz.

„Wir wollten so früh als möglich hierherkommen und aufpassen, ob wieder jemand Aladin einen Apfel geben will, denn wahrscheinlich sind die Pillen, die er bekommen hat, in den Äpfeln gewesen."

„Das trifft bestimmt auch zu", glaubte Franz.

„Und heute früh hast du gar nicht erst abgewartet, bis der Stall offen war", hielt Hansen fest. „Du hast gleich den Weg durch die Luke gewählt und bist uns buchstäblich vor die Füße gefallen."

„Ich habe das Seil oben nicht richtig festgemacht", mußte Lilo zugeben. „Der Knoten hat sich gelöst. Deshalb bin ich heruntergefallen."

„Ich bin ganz schön erschrocken", gestand Franz. Und Hansen zwinkerte. „Es war ganz gut, daß ich geweckt wurde. Ich hatte nicht die Absicht, wieder einzuschlafen."

„Und wenn nun jemand im Stall war, ohne daß Sie es bemerkten?"

„Erwachsene schaffen es nicht, durch die Luke zu kriechen. Und an der Stalltür haben wir Vorkehrungen getroffen. Da wäre niemand durchgekommen, ohne daß wir es gehört hätten!"

„Es wäre arg, wenn Aladin nochmals Pillen bekommen hätte.

„Aladin war in dieser Nacht nicht im Pensionsstall", verriet Hansen.

„Er steht doch in seiner Box. Ich habe ihn eben selbst gesehen."

„Das ist nicht Aladin. Wo ist Tanja – ist sie auch hier?"

„Nein. Sie kommt nach. Ihre Eltern hätten Fragen gestellt, wenn sie um fünf Uhr früh weggegangen wäre."

„Und wie war das bei dir?"

Lilo rieb sich die Nasenspitze, um ihre Verlegenheit zu verbergen. „M-mein Vater ist geschäftlich weg und... Mutti hat noch geschlafen, als ich ging. Ich habe einen Zettel hingelegt."

„Hoffentlich stimmt das auch", brummte Franz. „Mit euch Reitschülern erlebt man ja allerhand in dieser Hinsicht."

„Hast du das Pillenröhrchen hier?" fragte Hansen.

„Das hat Tanja. Sie wird auch bald hier sein." Lilos Gedanken machten einen Sprung. „Wie haben Sie denn erfahren, daß Aladin Schlafmittel bekommt?"

„Wir ließen ihn gestern abend im Tierspital untersuchen."

„Und nun sind Sie nachts im Stall geblieben..."

„Wir wollten zugegen sein, falls sich jemand nachts heimlich Zutritt verschaffen wollte. Allerdings dachten wir nicht entfernt daran, daß jemand aus unserem Kundenkreis dafür zur Verantwortung zu ziehen ist", gab Hansen zurück.

„Und vor allem ahnten wir nicht, daß die Übeltäter die Frechheit besitzen, ihre Anschläge tagsüber vorzunehmen", ereiferte sich Franz.

„Ich glaube, sie hatten gar keine andere Wahl", überlegte Hansen. „Wenn man es genau überlegt, mußten sie Aladin die Pillen am Morgen geben, wenn sie Erfolg haben wollten. Allzulang hätte die Wirkung nicht vorgehalten."

„Was werden Sie denn nun unternehmen?" fragte Lilo.

„Wir werden die Sache heute morgen aus der Welt schaffen. Aber der Chef soll nichts davon erfahren. Er hat andere Sorgen", entgegnete Hansen.

„Du kannst dir ja selbst vorstellen, wie schlimm es für den Ruf einer Reitschule ist, wenn sich herumspricht, daß unsere Pensionspferde mit Schlafmitteln traktiert werden, die der Tierarzt nicht verordnet hat", setzte Franz hinzu.

Lilo nickte bekümmert. „Wenn wir da doch gleich etwas unternehmen könnten!"

„Und ob wir das können", rief Hansen.

Franz, der seine Gedanken erriet, wandte sich um. „Es ist Zeit, daß wir Verstärkung bekommen. Ich hole jetzt Lisa, Regula und Bernhard!"

Gesucht: Frühaufsteher

Schon bald hatte Franz seine Kameraden aus dem Bett getrommelt. Nur Regula murrte, als er zu besonderer Eile riet.

„Gestern war es eine geborstene Wasserleitung – was ist es denn heute? In diesem Haus kommt man ja nicht mehr zum Schlafen!"

„Hör mit der Jammerei auf. In einer Viertelstunde hätten wir ohnehin aufstehen müssen", hielt Lisa ihr entgegen. „Franz hat uns gewiß nicht ohne Grund geholt."

Doch auch Bernhard war die Sache nicht ganz geheuer. „Eine geheime Zusammenkunft vor dem Frühstück? Ich komme mir bald vor wie ein Superagent."

Franz verzog das Gesicht. „So was Ähnliches sind wir im Moment wohl auch."

„Du hast dir im Fernsehen wieder einen dieser gräßlichen Filme angesehen", vermutete Lisa. „Wo schleppst du uns überhaupt hin?"

„Folgt mir – ihr werdet es gleich sehen."

Gleich darauf stolperten sie hinter Franz in die Sattelkammer des Pensionsstalls.

„Lilo ... Lars!" riefen Regula und Lisa fast gleichzeitig. „Es ist ja kaum Morgen."

Lilo warf Hansen einen fragenden Blick zu.

„Erzähl deine Geschichte gleich selbst", riet der Reitlehrer.

Abermals leierte Lilo herunter, was sie und Tanja beobachtet und in Erfahrung gebracht hatten. Sie verschwieg auch nicht, wie sie an diesem Morgen in den Pensionsstall gelangte und da unverhofft auf Franz und den Reitlehrer traf. Hansen und Franz erzählten dann noch von ihrem Besuch im Tierspital.

Bernhard platzte heraus: „Warum habt ihr uns nichts davon gesagt?"

„Es ging nicht anders", behauptete Lars Hansen.

„Mich haben sie auch ganz schön verkohlt", schimpfte Regula. „Sie ließen mich glauben, daß Aladins Beschlag kontrolliert werden müsse!"

„Dabei geht es um eine so üble Sache", schmollte auch Lisa.

Und Bernhard knurrte: „Ich wußte, daß da etwas nicht stimmt. So, wie Aladin sich in der Bahn bewegte ... Aber auf einen Anschlag mit einem Medikament wäre ich nie gekommen. Da muß sofort etwas geschehen."

„Deshalb hat Franz euch ja geholt", beschwichtigte Hansen. „Wann ist Romulus zum Training vorgemerkt?"

„Heute morgen", verriet Bernhard.

„Gestern hat die Frau mit ihm gearbeitet. Aber von jetzt an will ihn nur noch ihr Mann reiten, damit er im entscheidenden Moment keine Mätzchen macht."

„Ist das der Mann mit der Narbe?" forschte Lilo. Hansen nickte. „Um welche Zeit kommt er?"

„Etwa gegen halb neun", gab Franz bekannt.

„Das trifft sich gut, denn ich möchte, daß wir die Schuldigen auf frischer Tat ertappen", entgegnete Hansen. „Und damit der Chef nichts erfährt, soll die ‚Operation Schlafpille' nicht im Pensionsstall, sondern draußen auf der alten Ponywiese stattfinden. Wir bringen die Pferde, die am Sonntag an der Konkurrenz teilnehmen, dorthin."

„Da alle in Frage kommenden Pferde dorthin gebracht werden, schöpfen unsere Schlafmittelgauner keinen Verdacht", nahm Franz an.

„Genau das nehme ich auch an", erwiderte Hansen.

„Ist es für Aladin nicht gefährlich?" befürchtete Lilo.

„Aladin wird nichts geschehen. Und auch keinem der anderen Pferde", versicherte Hansen.

„Und wie soll die ‚Operation Schlafpille' ablaufen?" wollte Lisa erfahren. „Um neun kommen die ersten Reitschüler."

„Da sind wir auf eure Hilfe angewiesen. Könnt ihr Mädchen den Unterricht übernehmen, bis alles vorüber ist?" Hansen sah von Regula zu Lisa.

„Wir haben wohl keine Wahl", stimmte Lisa zu. „Wir wären natürlich auch gerne dabei, wenn der große Moment kommt."

„Hoffentlich kommt Petra nicht dazwischen", warf Bernhard ein.

„Nein – sie soll heute Frau Kretschmer beim Einkaufen behilflich sein", erinnerte Regula.

„Und der Chef will sich heute mit Büroarbeiten befassen", fügte Hansen hinzu. „Wenn wir Glück haben, erfahren die Kretschmers nicht, was heute morgen auf der Ponywiese geschieht."

„Sofern überhaupt etwas passiert", meinte Bernhard zweifelnd. „Wir wissen ja nicht mit Sicherheit, ob unsere Gauner auch auftauchen."

„Sie werden kommen", versicherte Franz. „Sie ahnen ja nicht, daß wir hinter ihr mieses Spiel gekommen sind."

„Wenn wir um neun den Unterricht übernehmen, müssen

wir noch vor dem Frühstück mit dem Stalldienst beginnen", mahnte Ragula. „Wir kommen sonst mit der Arbeit nicht klar.

„Kann ich mithelfen?" bot Lilo an.

„Da sagen wir nicht nein", stimmte Hansen sogleich zu. „Du kriegst als Entschädigung mal eine Unterrichtsstunde dafür. Bist du einverstanden?"

„Klar", funkelte Lilo begeistert.

„Dann übernehmen wir zwei den Schulstall und überlassen den anderen die Pensionspferde."

„Kann ich Aladin vorher noch guten Tag sagen?"

„Meinetwegen. Aber mach's kurz."

Lilo war schon auf dem Weg zum Schulstall, als Lisa Hansen erinnerte: „Du hast uns noch nicht gesagt, was du auf der Ponywiese unternimmst, wenn unsere Schurken auftauchen."

„Das weiß ich im voraus noch nicht. Im gegebenen Augenblick wird mir schon etwas einfallen. Wichtig ist für uns, daß Tanja so bald als möglich hier eintrifft. Sie hat unser wichtigstes Beweisstück – das Pillenröhrchen."

Treffpunkt Ponywiese

Es war gut, daß alle Mitglieder der Familie Kretschmer an diesem Vormittag mit ihren eigenen Sorgen beschäftigt waren. Bestimmt wäre ihnen sonst aufgefallen, daß Regula, Lisa, Franz und Bernhard und selbst Lars Hansen sich ganz und gar nicht wie sonst verhielten. Keine Minute länger als nötig blieben sie beim Frühstück sitzen, gaben sich recht wortkarg und entschuldigten den raschen Aufbruch mit dringenden Arbeiten in den Ställen.

„Ja, ja, geht nur und laßt euch nicht aufhalten", murmelte Frau Kretschmer, ohne von ihrer immer länger werdenden Einkaufsliste hochzublicken. „Petra und ich müssen ohnehin gleich weg."

Petra setzte bei diesen Worten ein finsteres Gesicht auf, denn noch immer hätte sie sich am liebsten um diese Einkaufstour herumgedrückt.

Auch Herr Kretschmer verzichtete auf eine zusätzliche Tasse Kaffee und erhob sich früher als sonst vom Tisch. „Für die nächsten Stunden bin ich nicht zu sprechen. Ich muß mich um die Buchhaltung kümmern. Da stehen Pensionsgelder aus, die ich dringend eintreiben muß. Bei den steigenden Unterhaltskosten für unsere Pferde können wir uns das nicht mehr erlauben." Mit einem Stoßseufzer auf den Lippen verließ auch er das Haus.

Nicht lange dauerte es, bis dann alle Vorbereitungen für die „Operation Schlafpille" getroffen waren.

Und als Tanja im „Tannenhof" eintraf, versäumte Lilo nicht, sie über alle Ereignisse der frühen Morgenstunden zu informieren.

„Alle Pferde, die für die Konkurrenz vorgesehen sind, sind bereits auf der Ponywiese. Wenn Narbengesicht Romulus holen und sich dabei wieder an Aladin heranmachen will, muß er zur hintersten Ecke des ‚Tannenhofes' marschieren. Zudem wird er eine arge Enttäuschung erleben, denn Lars Hansen wird ihn im passenden Moment in Empfang nehmen!"

Als ob diese Worte ihn auf den Plan gerufen hätten, tauchte nun Hansen auf.

„Ich habe einen Auftrag für euch", begann er. „Mir ist eben eingefallen, daß wir eine Art Nachrichtenkette einrichten müssen. Von der alten Ponywiese aus ist der Parkplatz nicht zu sehen. Folglich weiß ich da hinten nicht, wann unsere zweifelhaften Gäste im Anmarsch sind."

„Wir müssen überlegen, wo wir uns aufstellen könnten, damit wir Ihnen ein Zeichen geben können", sagte Tanja.

„Da hätte ich schon einen Vorschlag", gab Hansen zurück. „Lilo kennt ja den Baum neben der Luke, durch die sie heute früh in den Pensionsstall gelangt ist."

Lilo nickte dazu etwas verlegen. An diesen Teil des Abenteuers erinnerte sie sich nicht gern.

„Dieser Baum wäre der beste Aussichtspunkt. Einfahrt und Parkplatz lassen sich da gut überblicken, und gleichzeitig kann von da aus eine Meldung weitergegeben werden."

„Wie kann ich denn eine Meldung weitergeben?"

„Damit!" Hansen brachte zwei große, weiß-rot gewürfelte Taschentücher zum Vorschein.

„Lilo klettert auf den Baum neben dem Pensionsstall und du, Tanja, stellst dich neben der Tannengruppe oberhalb der Weide auf. Die Tannengruppe ist von der Ponywiese aus sichtbar. Sobald Lilo mit ihrem Tuch wedelt, heißt das, daß die erwarteten Besucher eingetroffen sind. Du, Tanja gibst diese Nachricht unverzüglich an mich weiter, indem du dein Tuch ebenfalls schwenkst. Dann weiß ich, daß es soweit ist. Ist damit alles klar?"

„Ja", sagte Tanja. Sie zögerte kurz und fragte dann: „Wer ist denn nun der Täter – der hinkende Opa mit dem grauen Bart, der Mann mit dem Narbengesicht oder die Frau mit dem rotbraunen Haar?"

„In meinen Augen sind sie alle drei schuldig. Jeder von ihnen hat allem Anschein nach zu dieser Schlafpillen-Geschichte beigetragen. Wir werden ja sehen, wie es sich in Wirklichkeit verhält." Hansen wandte sich zum Gehen. „Haltet die Augen offen und bleibt schön im Hintergrund", riet er den beiden Mädchen noch, ehe er sich in Richtung Ponywiese in Bewegung setzte.

Kurz vor halb neun begann sich die Lage im „Tannenhof" zuzuspitzen. Daß dann nicht alles wie vorgesehen lief, lag an Ereignissen, die nicht vorauszusehen waren. Es begann damit, daß völlig unerwartet ein breites, hohes orangefarbenes Fahrzeug in die Einfahrt rumpelte – einer dieser Riesenbrummer, die im Auftrag der Stadtverwaltung regelmäßig die Schächte und Kanäle von Kirchstadt zu reinigen hatten.

Ausgerechnet an diesem Morgen war die Region um den „Tannenhof" an der Reihe.

Zähneknirschend mußte Lilo von ihrem Hochsitz aus zusehen, wie zwei Arbeiter nur wenige Schritte entfernt am Rande des Parkplatzes einen Schacht öffneten, ein dickes Rohr hinabgleiten ließen und Wasser hindurchpusteten.

Da dieses orange Monstrum die Sicht auf die Einfahrt gänzlich verdeckte, mußte Lilo sich wohl oder übel rasch nach einem anderen Späherposten umsehen, denn von diesem Baum aus, auf dem sie jetzt saß, sah sie nicht früh genug, wenn jemand von der Firma Narbengesicht eintraf.

Behende glitt sie zur Erde. Doch noch ehe sie sich nach einem anderen Platz umsehen konnte, schoß hinter dem orangen Ungetüm ein blauer Wagen durch die schmale Lücke und hielt mit kreischenden Bremsen auf dem nächsten freien Parkfeld.

Lilo erkannte den Wagen und hielt vor Schreck den Atem an. Der blaue VW Golf. Mit einem Sprung rettete sie sich hinter den Baumstamm. Ein vorsichtiger Blick bestätigte, daß jeder Zweifel ausgeschlossen war: Narbengesicht war der Fahrer.

Es war also so weit.

Doch vor lauter Aufregung war ihr Kopf mit einemmal leer. Wie weggeblasen war alles, was vorher für diesen Fall festgelegt worden war. Was sollte sie tun?

Endlich legte sich ihre Verwirrung, die Erinnerung kehrte zurück. Das rotweiße Tuch – das Signal!

Doch wie konnte Tanja sie sehen, wenn sie nicht mehr auf dem Baum saß? Noch während sie fieberhaft überlegte, war Narbengesicht schon zum Pensionsstall unterwegs. Er trug an diesem Morgen eine graue Reithose, schwarze Stiefel und eine kurze weiße Jacke. Hut und Peitsche trug er in der Hand.

Lilos Füße setzten sich nun wie von selbst in Bewegung. Sie hastete zu Tanjas Standort und keuchte schon von weitem: „Alarm ... Narbengesicht ist da! Gib die Meldung weiter!"

„Weshalb hast du die Nachricht nicht mit dem Tuch gemeldet?" wollte Tanja wissen.

Um kostbare Sekunden nicht nutzlos verstreichen zu lassen, trat Lilo nun zwei Schritte vor und wedelte mit ihrem Taschentuch solange durch die Luft, bis sie sicher war, daß Lars Hansen es bemerkt hatte. Erst dann erklärte sie: „Ein Fahrzeug der Stadtverwaltung verdeckt die Sicht auf die Einfahrt. Gerade als ich mich anderswo aufstellen wollte, kam Narbengesicht."

„So ein Pech!" stieß Tanja hervor und ballte die Fäuste. „Die hätten damit wirklich noch zuwarten können."

„Das finde ich auch", brummte Lilo. Dann veränderte sich ihre Miene. Sie starrte auf einen weißen Punkt, der vom Pensionsstall her auf die Weide zukam. „Da ist er", flüsterte sie. „Der Mann mit der weißen Jacke."

Der Reiter passierte mit schnellen Schritten die Tannengruppe, ohne die beiden Mädchen zu entdecken, folgte dem Zaun der Weide, schwenkte dann nach links, um zum Parcours und schließlich zur Ponywiese zu gelangen.

„Es klappt", frohlockte Lilo.

„Wenn wir sehen wollen, was auf der Ponywiese nun vorgeht, müssen wir ihm nach."

Geduckt huschten sie vorwärts und erreichten den Ponystall ungeschoren. Aufatmend lehnten sie sich an das verwitterte Gebälk, als eine leise und scharfe Stimme sie herumfahren ließ.

„Habe ich euch nicht gesagt, daß ich euch hier nicht sehen will?" Hansen hatte seine beiden neugierigen „Hilfskräfte" natürlich kommen sehen.

„Wir ... wir wollten Ihnen doch nur mitteilen, daß Narbengesicht kommt ..."

Mit einer Handbewegung, die seine Mißbilligung ausdrückte, unterbrach Hansen Tanjas Gestammel."

„Ist er allein gekommen?"

„Ja ..." Lilo zögerte etwas mit der Antwort.

Hansen trat nun an die Ecke des Stalls. Noch wenige Schritte und der Reiter mit der weißen Jacke hatte die Ponywiese erreicht.

„Romulus – komm her!" rief er seinem Pferd zu.

Der Falbe, der die Stimme seines Herrn erkannte, folgte dem Ruf. „Na, mein Junge, wie steht es heute – bist du gut in Form? Wir gehen gleich mal auf den Parcours. Aber vorher wollen wir noch dafür sorgen, daß du wirklich das schnellste der ‚Tannenhof'-Pferde bist..."

Narbengesicht klopfte Romulus leicht auf den Hals und sah sich dann suchend um. Er entdeckte Aladin in der Nähe des offenen Stalls.

„Und wie sieht es bei dir aus, Aladin? Hast du gut

geschlafen, wie?" Ein häßliches Lachen folgte diesen Worten.

Aladin blickte unverwandt auf den Reiter.

„Ja, ich weiß, du wartest auf deinen Apfel..."

Plötzlich hielt er einen roten Apfel in der Hand, mit dem er auf den Fuchs zuging.

Hansen schoß nach vorn und schrie: „Das lassen Sie besser bleiben!" Sein Hieb traf den Arm des narbengesichtigen Reiters, der Apfel flog in weitem Bogen über den Zaun...

Aufs falsche Pferd gesetzt

Für Sekunden starrte der Mann den Reitlehrer benommen an. Dann faßte er sich und schnauzte: „Was fällt Ihnen ein, Herr Hansen?"

„Ich wundere mich bloß darüber, daß Sie Aladin füttern, und Ihr eigenes Pferd leer ausgehen lassen", stieß Hansen scharf hervor.

„Ich bin ein Pferdeliebhaber. Ich mag jedes der Tiere hier."

Tanja und Lilo, die es hinter dem Stall nicht länger aushielten, liefen los, um den Apfel zu holen. Sie brauchten nicht lange zu suchen, denn sein leuchtendes Rot blitzte zwischen den Grashalmen.

„Wir haben richtig vermutet", rief Tanja aufgeregt. „Es sind Tabletten im Apfel."

„Sie haben das Kerngehäuse entfernt und die Pillen in das entstandene Loch gesteckt", sprudelte Lilo hervor. „So eine

Gemeinheit! Nichts Böses ahnend, hat Aladin den Apfel natürlich geschluckt."

Kurzerhand kletterte sie über den Zaun, lief zu Aladin hin und umfaßte seinen Kopf. „So was werden sie mit dir nicht nochmals machen!"

Tanja reichte indessen Lars Hansen den Apfel. „Es sind die gleichen roten Bohnen drin, die ich im Stall gefunden habe."

Hansen verglich die Pillen im Apfel mit jenen im Glasröhrchen, das Tanja ihm zuvor übergeben hatte. „Ja – das trifft zu."

Er betrachtete seinen Gegner mit einem forschenden Blick. „Warum haben Sie das getan, Herr Bender? Sie wissen doch, daß Sie sich damit strafbar machen."

„Ich weiß gar nichts", spie der Reiter haßerfüllt hervor.

Nun konnte Tanja den Mund nicht länger halten. „Aladin hat schon gestern und vorgestern solche Äpfel erhalten. Wir haben es gesehen. Einmal war es ein hinkender alter Mann mit einem Bart, der meinem Großvater ähnlich sieht."

„... und einmal eine Frau mit braunroten Haaren", fiel Lilo ein. „Sie hat im Stall auch dieses Pillenröhrchen verloren. Und ich habe Sie auf dem Parkplatz mit der gleichen Frau über Aladin und Romulus reden hören. Und der alte Mann kam dann, auf einem Roller, dazu. Er hat vorher am Waldrand heimlich mit Stoppuhr und Fernglas Aladins Verhalten beim Training verfolgt."

Lilo hatte sich so tüchtig in Eifer geredet, daß ihre Wangen nun hochrot waren.

„Damit ihr endlich wißt, mit wem wir es da zu tun haben", erklärte Hansen den beiden Mädchen, „Herr Bender senior, Herr Bender junior und dessen Frau. „Die Gründe für diese abscheuliche Tat kenne ich noch nicht. Aber ich ahne einiges."

„Sie haben überhaupt keine Ahnung", knurrte Bender.

„Dann bin ich gespannt, was Sie für eine Erklärung haben", sagte Hansen gelassen.

„Das, was diese Kinder da vorbringen, ist keinerlei Beweis für eine unerlaubte Handlung", entgegnete Bender verächtlich.

„Vielleicht überzeugt Sie ein Attest des Tierspitals, in dem vermerkt ist, daß Aladin laut Untersuchungsergebnissen Schlafmittel verabreicht worden sind, die für sein unerklärliches Verhalten verantwortlich sind – oder waren."

„Jeder kann einem Pferd ‚Dormawell' geben", krächzte Bender ungerührt.

„Jetzt hat er sich verraten", raunte Tanja Lilo zu. „Woher wußte er sonst, welche Tabletten Aladin bekommen hat? Niemand hat den Namen erwähnt."

Hansen sagte denn auch. „Stimmt. Aber nur Sie haben es getan. Sie haben sich eben selbst überführt, als Sie den Namen des Medikamentes erwähnten. Nur der Täter und seine Helfer kennen ihn!"

Nun mußte Bender sich geschlagen geben. „Was wollen Sie von mir?" fragte er rauh.

„Ich möchte vor allem den Grund für diese niederträchtige Tat erfahren. Weshalb legen Sie Wert darauf, daß der Fuchs seine bisherigen Leistungen nicht mehr erbringen kann?"

„Das . . . geht niemanden etwas an."

„Dann erstatte ich nun bei der Polizei Anzeige. Vergessen

Sie nicht, daß unsere beiden Reitschülerinnen Aussagen machen können, die Sie, Ihre Frau und Ihren Vater belasten."

„Gibt es keine andere Möglichkeit?" In Benders Augen flackerte nun so etwas wie Angst auf.

„Bestrafen Sie mich, nicht meinen Sohn", knurrte nun jemand hinter Hansen. Der Reitlehrer drehte sich um und sah sich Franz gegenüber, der mit Bender senior und dessen Schwiegertochter zur Ponywiese gekommen war.

„Die Herrschaften sind kurz nach Herrn Bender junior ebenfalls eingetroffen. Mit Fernglas und Stoppuhr. Da haben wir uns dann am Waldrand oben ein wenig unterhalten." Der jungen Frau schien der Auftritt arg zuzusetzen. „Ich habe immer gesagt, daß das nicht gut geht..." schluchzte sie.

Franz fügte erklärend hinzu: „Es geht da um eine Erbschaftssache. Der Bruder von Herrn Bender senior starb und hinterließ zwei Pferde und einen Haufen Schulden. Zur Deckung der Schulden mußte das eine Pferd verkauft werden."

„Die Pferde waren wohl Aladin und Romulus", riet Hansen.

„Ja. Dabei haben die Benders wohl auf das falsche Pferd gesetzt. Aladin wurde verkauft, weil man annahm, Romulus würde als Sieger bald eine Menge Geld einbringen und die ziemlich dürftigen Finanzen der Familie aufbessern."

„Das ging leider nicht ganz nach Wunsch", fand Hansen.

„Eben. Herr Bender hat auch nach dem Verkauf Aladins Spur nicht aus den Augen verloren und mit Neid festgestellt, daß der Fuchs sich immer mehr nach vorn arbeitete. Als

Aladin in den ‚Tannenhof' kam, beschloß er, auch Romulus bei uns unterzubringen", fuhr Franz fort. „So hatte er eine Chance, etwas nachzuhelfen."

„Das hat er nun mit den Schlaftabletten ja auch getan", hielt Hansen grimmig fest. „Weiß Aladins neuer Besitzer von dieser Erbschaftsgeschichte?" wandte er sich direkt an Bender.

„Nein ... Er kennt uns nicht näher. Nur vom Sehen hier im ‚Tannenhof'. Aladin wurde über einen Vermittler verkauft. Er weiß nicht, daß ich ..."

„Dann soll es auch so bleiben", verlangte Hansen. Und Franz sagte: „Dank unseren aufmerksamen Reitschülerinnen konnte dieses Rätsel nun gelöst werden."

„Ich kann nicht verstehen, daß Sie diesem schändlichen Plan zugestimmt haben", fuhr Hansen Bender junior an.

„Ich hatte keine Wahl", zischte Bender. Und seine Frau fügte leise hinzu: „Wir schulden Vater Geld, das er uns geliehen hat. Wir mußten es tun. Bei diesen schlechten Zeiten konnten wir die Raten nicht zurückzahlen."

Bender senior richtete sich auf. Mit starrer Miene verriet er: „Ich habe einen Fehler begangen, ich werde die Folgen zu tragen wissen.

Hansen sah prüfend von Aladin zu Romulus.

Franz, der seine Gedanken erriet, schlug vor: „Laß sie gehen Lars. Es gibt sonst nur noch mehr Ärger."

„Es geht mir zwar gegen den Strich, wenn unschuldige Tiere die Opfer solcher Machenschaften sind. Aber du hast bestimmt recht", stimmte Hansen zu. „Wir ersuchen die Familie Bender hier, den ‚Tannenhof' unverzüglich zu verlassen."

Bender junior begann zu lamentieren: „Wo sollen wir nun Romulus von einem Tag auf den anderen unterbringen?"

„Das ist Ihre Sache", gab der Reitlehrer ungerührt zurück. „An der Konkurrenz vom kommenden Sonntag nehmen Sie jedenfalls nicht teil!"

Hansen ließ die Benders kurzerhand stehen. „Kommt, wir bringen die Pferde zurück", forderte er Tanja, Lilo und Franz auf.

Wenig später stand Romulus mit seinen Besitzern allein auf der Ponywiese.

„Eigentlich schade um Romulus", bedauerte Tanja. Ich mochte ihn.

„Das taten wir alle", versicherte Lars Hansen, der Sturmwind und Thor dem Stall zuführte. „Es ging nicht anders – es mußte sein!"

„Und damit wäre die ‚Operation Schlafpille' nun erledigt!" stellte Franz zum Abschluß fest.

Flotte Aussichten

Der Rest des Tages verlief so, als ob es im „Tannenhof" niemals all diese Rätsel um Aladin gegeben hätte. Wie ausgemacht verloren weder Lars Hansen noch die vier guten Geister der Reitschule oder die beiden Mädchen ein Wort über die unerfreulichen Geschehnisse. Und dennoch kam es beinahe noch zu einer Panne.

Wenn die Zeit es erlaubte, unternahmen die Kretschmers am Abend oftmals einen Spaziergang durch die Anlage. Diesmal lenkten sie ihre Schritte zur Reitbahn. Da der

Unterricht für diesen Tag beendet war, sahen Lisa, Petra und Lars Hansen zu, wie Herr Schießer mit Aladin und Franz mit Nike den Parcours durchritten.

Aladin setzte gerade kraftvoll über einen überbauten Graben. Sobald auch das letzte Hindernis genommen war, schlug sein Reiter eine langsamere Gangart an und hielt auf die Zuschauer am Rande zu, die mit Beifall nicht sparten. Er saß ab und sagte begeistert: „Es ist wie ein Wunder – Aladin ist wieder ganz der Alte. Von Müdigkeit keine Spur!"

„Das war bestimmt nur eine kleine Störung, die er zu überwinden hatte", meinte Frau Kretschmer.

Und ihr Mann fand: „Pferde sind keine Maschinen. Sie sind genauso empfindsame Kreaturen wie wir Menschen. Sie können nicht immer Hochleistungen vollbringen."

„Wenn er am Sonntag so läuft, hat er eine gute Chance", sagte Hansen, der für Aladin und Nike ein paar Mohrrüben mitgebracht hatte.

„Ach – ich habe ganz vergessen, euch etwas zu erzählen", rief Petra mit einemmal. „Wißt ihr, wen ich heute morgen unten in der Rheinstraße gesehen habe? Unseren Herrn Bender auf Romulus. Könnt ihr euch das vorstellen?"

„Davon hast du mir kein Wort gesagt", beschwerte sich Frau Kretschmer.

„Ihr seid doch zusammen unterwegs gewesen", warf Pächter Kretschmer ein. „Wie kommt es, daß du Romulus nicht gesehen hast?"

„Wir haben uns getrennt, um schneller durchzukommen."

„Ach so! Was suchte denn Bender mit dem Pferd in der Stadt?"

Petra lachte silberhell. „Das fragte ich mich auch. Das war vielleicht ein Anblick – Romulus mitten im Verkehr! Der gute Herr Bender würde seinen Falben auch besser auf die Springkonkurrenz vorbereiten, als mit ihm durch das Städtchen zu spazieren."

Hansen warf seinen Kameraden einen verständigenden Blick zu und sagte dann: „Ach so – das wißt ihr ja auch gar nicht: Romulus zählt seit heute nicht mehr zu unseren Pensionspferden. Ich habe es vor lauter Arbeit zu erwähnen vergessen. Die Benders haben aus irgendwelchen persönlichen Gründen andere Anordnungen treffen müssen."

„Aber das geht doch nicht!" empörte sich Pächter Kretschmer. „Sie kennen die Bestimmungen, Lars. Bis wir Ersatz gefunden haben, hätte Bender bleiben müssen, zumal die Konkurrenz ja vor der Tür steht."

„Er verzichtet auf die Teilnahme."

„So was! Erst konnte er nicht genug auf diesen Anlaß hin trainieren, um Romulus in eine gute Verfassung zu bringen – und jetzt gibt er von einer Stunde auf die andere einfach auf."

„Er wird seine Meinung geändert haben", warf Franz ohne besondere Betonung ein.

„Es ist nicht korrekt, daß ein Kunde den Stall ohne Vorankündigung verläßt. Für uns bedeutet jede freie Box eine spürbare Einbuße an Einkünften. Das können wir uns nicht leisten."

„Keine Sorge, Herr Kretschmer. Das ist schon geregelt", entgegnete Hansen eilig. „Das Tierspital hat unsere Adresse einem Pferdebesitzer weitergeleitet, der neu nach Kirchstadt gekommen ist und froh ist, hier auch sein Reitpferd unterbringen zu können. Box Nummer 16 wird am kommenden Montag einen neuen Gast bekommen."

„Das ist sehr erfreulich", lobte Pächter Kretschmer. „Wie heißt unser Neuling?"

„Nordstern – ein siebenjähriger Dunkelbrauner. Ein Halbblut. Soll aus einem ungarischen Gestüt stammen."

„Es lebe Nordstern!" atmete Frau Kretschmer auf. „Er bewahrt uns vor weiteren Sorgen."

„Somit dürfen wir der Konkurrenz am kommenden Sonntag getrost entgegensehen", funkelte Petra vergnügt. „Da Aladin wieder in Hochform ist, muß der Stall ‚Tannenhof' einfach gewinnen."

„Daran zweifeln wir keine Sekunde", verriet Lisa.

„Da haben wir wieder einmal die besten Aussichten, ein paar ruhige Sommerwochen genießen zu können", meinte Pächter Kretschmer gutgelaunt, als er sich bei Frau und Tochter einhängte.

„Haben Sie wirklich ‚ruhig' gesagt, Chef?" zwinkerte Hansen. „Soviel ich hörte, soll Nordstern ein recht eigenwilliger Pflegling sein. Wer weiß, was uns da bevorsteht..."

„Damit kommen Sie bestimmt klar, Lars", entgegnete Pächter Kretschmer großzügig. „Sie haben am Beispiel von Romulus ja eben bewiesen, daß Sie mit solchen Kleinigkeiten spielend fertig werden!"

Lars Hansen dankte dem Himmel, daß weder sein Chef, noch Aladins Besitzer ahnten, was wirklich vorgefallen war. Der Ankunft von Nordstern durfte er tatsächlich gefaßt entgegensehen. Oder täuschte er sich da?

© 1991 der genehmigten Lizenzausgabe
für die Edition Aktuell GmbH, 5750 Menden 2
Einbandgestaltung, unter Verwendung eines Fotos
der Bildagentur Anthony-Verlag, Starnberg,
Werbestudio Werner Ahrens, Balve.
Nachdruck nur mit Genehmigung des Verlages.

Printed in Hungary